E. A. Sutherland

Estudos em Educação Cristã

Adventist Pioneer Library

Título do original em inglês: *Studies in Christian Education*
Publicado originalmente em 1915 e republicado em 1952 para classes apresentadas na escola Madison.

37457 Jasper Lowell Rd
Jasper, Oregon, 97438, USA
+1 (877) 585-1111
www.APLib.org
www.EditoraDosPioneiros.com.br

Apoio: Centro de Pesquisas Ellen G. White – Brasil

Tradução: César Pagani, Naomi Vidal, Cecília Eller
Revisão e editoração: Uriel Vidal e Neumar de Lima

Dezembro, 2016

ISBN: 978-1-61455-023-5

E. A. Sutherland

Estudos em Educação Cristã

"Agora, como nunca antes, precisamos compreender a verdadeira ciência da educação. Se deixarmos de compreender isso, jamais teremos lugar no reino de Deus."

Ellen G. White, *Christian Educator*, 1° de Agosto de 1897.

Adventist Pioneer Library

EDWARD ALEXANDER SUTHERLAND (1865-1955)

Índice

Prefácio à Edição de 2015

Fiquei emocionada e muito contente ao saber que pessoas que estão numa outra parte do mundo, vivendo num tempo muito diferente, estão encontrando desafios, instrução e bom companheirismo cristão neste livro escrito por meu avô, Edward Alexander Sutherland.

Eu cresci me sentindo privilegiada, seguindo nas pegadas dos fiéis de Deus, feliz por ser a neta de E. A. Sutherland. Desde cedo soube que meu avô havia retornado à escola para cursar medicina "com a idade de quarenta anos", enquanto continuava a dirigir a escola em Madison. Sabia também que ele e Percy Magan haviam feito isso juntos, indo e voltando de motocicleta!

Ele passou sua vida em Madison, enquanto eu morava em Pasadena, Califórnia. Em nossa casa, ele era conhecido por todos como E. A., exceto por minha mãe, Yolanda Sutherland Brunie, que costumava se referir a ele como "meu pai". Não fizemos muitas viagens durante a Segunda Guerra Mundial. Mas havia algumas chamadas telefônicas que fazíamos e recebíamos, de modo que, tanto E.A., quanto a escola de Madison, sempre faziam parte de nossa realidade. Minhas lembranças mais remotas de ter estado com ele datam da época quando ele e minha avó, Sally Brailier Sutherland, nos visitaram aqui depois da guerra. Mais tarde, minha mãe e eu viajamos de carro para passar uma semana lá no Tennessee com a família dela, e ficamos na fazenda do seu irmão, na casa do meu tio Joe, perto de Madison. Nesse tempo, meu avô, o Dr. E. A., também morava lá com Joe e sua família.

Naquela época, em julho de 1952, eu estava cursando a faculdade em La Sierra (hoje a Universidade de La Sierra) e tinha muito mais interesse em sentar-me e conversar longamente com E. A. sobre passagens da Bíblia, sobre suas convicções a respeito de múltiplas áreas e, especialmente, sobre a influência que Ellen White exerceu no processo de decisão acerca da propriedade em Madison, com o objetivo de estabelecer-se uma escola. E. A. me marcou com sua paixão pela busca da bondade, sua energia para investir em viver o momento presente, e seu aspecto forte, amigável e caloroso.

Sou muito grata pelas pessoas que, desde aquela época, têm mantido viva a presença de muitos de nossos líderes fundadores por meio de seus escritos históricos.

Que Deus abençoe a todos que fizerem uso deste livro.

Barbara Brunie Jones

Maio de 2015

PREFÁCIO ORIGINAL

Em seus estudos sobre os campos de atividade missionária no Instituto Padrão e Agrícola de Nashville [*Nashville Agricultural and Normal Institute*], o Grupo de Estudantes Voluntários teve o privilégio de assistir a uma série de estudos feitos pelo Dr. E. A. Sutherland, diretor da instituição, revelando o fato de que as grandes denominações protestantes fracassaram em dar a mensagem do primeiro anjo em sua plenitude por não terem se libertado do sistema papal de educação. O fato de aderirem a esse sistema lançou-as afinal em confusão.

A denominação Adventista do Sétimo Dia veio à existência por causa dessa falha, e cabe a ela ser bem-sucedida onde outros falharam. Seu direito de primogenitura, como denominação, é um grande movimento de reforma, o maior que o mundo já conheceu. O Senhor tem falado a nosso povo que, como indivíduos, estamos em grande perigo de sofrer a mesma derrota que as grandes denominações padeceram, porque ainda nos mantemos ligados a métodos mundanos de educação. Elas falharam em dar o clamor da meia-noite em virtude de seu errôneo sistema educacional. Estamos prestes a entrar no período da chuva serôdia. Esperamos que as páginas que se seguem possam ser lidas com seriedade e oração.

1. O Início da História da Educação nos Estados Unidos

A igreja que triunfa é aquela que quebra o jugo da educação mundana, e desenvolve e pratica os princípios da educação cristã.

> "Agora, como nunca antes, precisamos compreender a verdadeira ciência da educação. Se deixarmos de compreender isso, jamais teremos lugar no reino de Deus" (Ellen G. White, *Christian Educator*, 1º de agosto de 1897).
>
> "A ciência da verdadeira educação é a verdade. ... A mensagem do terceiro anjo é verdade" (Ellen G. White, *Testemunhos para a Igreja*, Vol. 6, p. 131).

Admite-se como verdadeiro que todos os adventistas do sétimo dia creem que a educação cristã e a mensagem do terceiro anjo sejam a mesma verdade. As duas são tão inseparáveis como as raízes, o tronco e os ramos de uma árvore.

O propósito destes estudos é proporcionar melhor compreensão das razões do declínio e queda moral das denominações protestantes no tempo do clamor da meia-noite, em 1844, e ajudar-nos, como adventistas do sétimo dia, a evitar esses erros à medida que nos aproximamos do alto clamor do terceiro anjo, que em breve soará sobre o mundo.

Uma breve pesquisa da história das denominações protestantes mostra que sua queda espiritual em 1844 foi resultado do fracasso em "compreender a verdadeira ciência da educação". O fracasso em entender e praticar a educação cristã incapacitou-as para a proclamação a todo o mundo da mensagem da segunda vinda de Cristo. A denominação adventista do sétimo dia foi então chamada à existência para assumir a obra que as igrejas populares haviam deixado de cumprir por não terem dado a seus missionários a devida formação. As denominações protestantes não estavam em condições de dar a mensagem do terceiro anjo — um movimento de reforma — que constitui uma advertência contra a besta e sua imagem, e isso porque ainda estavam apegadas às doutrinas e aos princípios educacionais que, em essência, formam a besta e sua imagem. É importante que os jovens adventistas do sétimo dia estudem seriamente as causas do declínio espiritual dessas igrejas, ocorrido em 1844, para não repetirmos sua história e ficarmos fora do alcance do Espírito de Deus, perdendo assim nosso lugar no reino. Se, como adventistas do sétimo dia, quisermos ser bem-sucedidos onde essas denominações fracassaram, precisamos ter um sistema de educação que repudie os princípios que, por sua própria natureza, desenvolvem a besta e sua imagem. "Estas coisas lhes sobrevieram como exemplos e foram escritas para advertência nossa, sobre quem os fins dos séculos têm chegado".

O protestantismo, nascido no século XVI, estava prestes a perder sua luz na Europa. Deus então preparou uma nova terra, que se tornaria, no futuro, os Estados Unidos da América, como berço para a proteção e desenvolvimento de corretos princípios que permitiriam que, a partir desse país, fosse proclamada a mensagem mundial e final do retorno do Salvador.

> "Foi o desejo de liberdade de consciência que inspirou os peregrinos a enfrentar os perigos da longa jornada através do mar, a suportar as agruras e riscos das selvas e lançar, com a bênção de Deus, nas praias da América do Norte, o fundamento de uma poderosa nação... A Escritura Sagrada era tida como fundamento da fé, a fonte da sabedoria e a carta da liberdade. Seus princípios eram diligentemente ensinados no lar, na escola e na igreja, e seus frutos se faziam manifestos na economia, inteligência, pureza e temperança... Estava demonstrado que os princípios da Bíblia constituem a mais segura salvaguarda da grandeza nacional" (*O Grande Conflito*, p. 292, 296).

Esses reformadores, ao chegarem à América, renunciaram às doutrinas papais na igreja e no estado, mas conservaram o sistema papal de educação.

> "Conquanto os reformadores rejeitassem o credo de Roma, não estavam inteiramente livres de seu espírito de intolerância. ... Os reformadores ingleses, conquanto renunciassem às doutrinas do romanismo, retiveram muitas de suas formas. [Alguns] olhavam para eles como distintivos da escravidão de que haviam sido libertados, e para a qual não se sentiam dispostos a voltar. ... Muitos desejavam fervorosamente voltar à pureza e simplicidade que caracterizavam a igreja primitiva. ... 'A Inglaterra estava deixando de ser para sempre um lugar habitável.' Alguns resolveram, por fim, buscar refúgio na Holanda. Encararam dificuldades, prejuízos e prisão. ... Em sua fuga, deixaram casas, bens e meios de vida. ... Animadamente, porém, enfrentaram a situação, e não perderam tempo em ociosidade ou murmurações. ... 'Sabiam que eram peregrinos.' ... Em meio ao exílio e agruras, cresciam o amor e a fé. Confiavam nas promessas

> do Senhor, e Ele não faltava com elas no tempo de necessidade. ... E, quando a mão de Deus pareceu apontar-lhes através do mar uma terra em que poderiam fundar para si um Estado e deixar a seus filhos o precioso legado da liberdade religiosa, seguiram eles, sem se arrecear, pela senda da Providência. ... Os puritanos se uniram em solene concerto como povo livre do Senhor 'para andar em todos os Seus caminhos por eles conhecidos ou a serem conhecidos.' Ali estava o verdadeiro espírito da Reforma, o princípio vital do protestantismo" (*O Grande Conflito*, p. 289, 290, 291).

O sistema educacional da igreja, que os havia expulsado de sua terra natal, representava um dos mais graves erros dos quais os puritanos falharam em libertar-se. Esse sistema educacional, embora papal em espírito, era, em certo sentido, protestante em sua forma. Um historiador escreveu sobre as escolas puritanas do Novo Mundo, relatando que seus cursos eram

> "ajustados ao currículo tradicional da faculdade. Eles ensinavam muito latim e grego, davam um curso extensivo de matemática, e, no geral, eram fortes no setor das ciências humanas. ... Esse currículo refletia o modelo de escolas como Rugby, Eton e outras notáveis escolas inglesas" (Richard G. Boone, *Education in the United States*, p. 71 [1889]).

Lemos novamente: "As raízes desse sistema estavam aprofundadas no grande sistema eclesiástico". "Desde o início de seu treinamento", Dunster, um dos primeiros presidentes de Harvard, "adequou o curso dessa universidade em grande parte segundo o modelo das universidades inglesas". Eles seguiram tão fielmente o modelo inglês — o da Universidade de Cambridge — que até foram chamados por esse nome. Um historiador, escrevendo sobre Harvard, disse: "Em vários casos, os jovens ingleses eram enviados para a Cambridge americana para completar sua educação". Boone, discorrendo acerca dos cursos de estudo na escola de Ensino Superior de William e Mary[1], antes da Revolução, afirma: "Todos eram segundo o padrão inglês". Acerca de Yale, fundada posteriormente, é dito: "As normas em sua maior parte seguiam o modelo de Harvard, bem como os cursos ministrados". As universidades mais jovens seguiam o padrão das mais antigas. É muito natural que Yale fosse estabelecida de acordo com o sistema papal inglês, porque seu fundador, Elihu Yale, havia passado 20 anos em escolas inglesas, segundo confirma o historiador citado: "Vinte anos ele passou nas escolas e em estudos especiais" (*Ibid.*, p. 24-40).

---

[1] N.T.: Esta escola, depois de Harvard, é a segunda instituição de Ensino Superior mais antiga dos Estados Unidos da América, fundada em 1693.

Os adventistas do sétimo dia não deveriam permitir que esse fato passasse despercebido: As três principais escolas das colônias foram estabelecidas por homens que haviam fugido das doutrinas papais do Velho Mundo; mas esses educadores, por causa de sua educação nessas escolas papais e de sua ignorância quanto à relação entre educação e religião, inconscientemente moldaram suas instituições segundo o sistema educacional da igreja da qual haviam saído. É surpreendente que esses reformadores ingleses, depois de tanto se sacrificarem por uma causa digna, tenham permitido que um sistema de educação tão inapropriado aos seus propósitos se tornasse, em realidade, a progenitora de seus filhos, de cujo seio essas crianças extrairiam sua alimentação. Eles não se deram conta de que o caráter e a experiência cristã desses pequenos dependiam da natureza do alimento recebido. Houvessem eles compreendido a relação da educação da criança e sua experiência futura com a igreja, eles não teriam tomado emprestado o sistema papal de educação, mas o teriam rejeitado por completo como excessivamente perigoso para ser tolerado dentro dos limites do protestantismo.

Alguns fatos da história educacional deixarão evidente a afirmação de que o sistema de educação de Oxford, Cambridge, Eton and Rugby era papal, e que os reformadores da Nova Inglaterra, moldando suas escolas segundo esse padrão, estavam implantando o sistema papal de educação na América. Laurie diz: "Oxford e Cambridge modelaram-se grandemente segundo o sistema de Paris... Um grande número de professores e alunos deixaram Paris... Assim, o contingente inglês da Universidade (de Paris) foi para Oxford e Cambridge". A relação da Universidade de Paris, mãe de Cambridge e Oxford, com o papado foi assim expressa: "Foi por ser o centro do aprendizado teológico que ela recebeu tantos privilégios por parte do papa, e manteve-se em íntima relação com a Sé papal" (Simon S. Laurie, *The Rise and Early Constitution of Universities*, p. 153, 162, 242).

Lutero e Melanchthon, os grandes reformadores do século XVI, entenderam claramente que era impossível ter uma reforma religiosa permanente sem a educação cristã. Assim, eles não somente se precaveram contra as doutrinas do papado, mas também desenvolveram um vigoroso sistema de escolas cristãs. Melanchthon disse: "Negligenciar os jovens em nossas escolas é como retirar a primavera dentre as estações do ano. Os que permitem que as escolas entrem em declínio estão, de fato, tirando a primavera do ciclo anual das estações, pois a religião não pode subsistir sem elas". "Melanchthon constantemente dirigia seus esforços no sentido de fazer progredir a educação e edificar boas escolas cristãs. ... Na primavera de 1525, com a ajuda de Lutero, ele reorganizou as escolas de Eisleben e Madgeburg". Ele declarou: "A causa da verdadeira educação é a causa de Deus" (Joseph Stump, *Life of Philipe Melanchton*, p. 81).

"Em 1528, Melanchthon preparou o 'Plano da Escola da Saxônia', que serviu como base para a organização de muitas escolas em toda a Alemanha". Esse plano tratava da questão da "multiplicidade de estudos que eram não apenas infrutíferos, mas até mesmo maléficos. ... O professor não deveria sobrecarregar as crianças com muitos livros" (F. V. N. Painter, *A History of Education*, p. 152). Esses reformadores perceberam que a força da igreja papal jazia em seu sistema educacional, e deram nele um golpe esmagador; e ao ferir tal sistema, fizeram com que a igreja perdesse seu poderio. Os reformadores estabeleceram um sistema de escolas cristãs que tornaram as crianças verdadeiramente protestantes. Essa maravilhosa revolução na educação e na religião foi completada em uma geração, no breve espaço da vida de um homem.

Para se ter uma ideia do poder desse grande movimento educacional cristão, um historiador, falando sobre várias nações europeias, afirmou:

> "A nobreza daquele país estudava em Wittenberg — todos os colégios da terra estavam repletos de protestantes... Não mais que a trigésima parte da população conservou-se católica... Eles também retiraram seus filhos das escolas [católicas]. ... Os habitantes de Mainz não hesitaram também em enviar seus filhos para as escolas protestantes. ... O pensamento protestante comunicou suas vivificantes energias aos mais remotos e esquecidos cantos da Europa. Que domínio imenso eles haviam conquistado dentro do espaço de quarenta anos. ... Vinte anos se passaram em Viena desde que o último aluno da Universidade fizera seus votos sacerdotais... Por volta desse período, os professores na Alemanha, quase sem exceções, eram todos protestantes. Toda essa nova geração se assentava a seus pés e assimilava o ódio ao papa enquanto estudavam os primeiros rudimentos do aprendizado" (Leopold Von Ranke, *History of the Popes, Their Church and State, in the Sixteenth and Seventeenth Centuries*, 1844, p. 164-167).

Após a morte de Lutero e Melanchthon, os teólogos, em cujas mãos a obra de reforma foi posta, em lugar de multiplicar as escolas cristãs, se absorveram com os meros tecnicismos da teologia e ignoraram a maior obra de sua época. Venderam sua primogenitura por um prato de lentilhas. Quando os sucessores de Lutero e Melanchthon deixaram de levar adiante essa obra eficiente, que se centralizava grandemente na educação da juventude de onde sairiam os futuros missionários e pilares da igreja, surgiram dissensões internas. Seu tempo era dispensado em grande parte em criticar os pontos de vista de alguns colaboradores que diferiam deles em certos pontos teológicos importantes. Desse modo, tornaram-se destruidores em vez de construtores. Deram muita atenção às doutrinas e gastaram a maior parte de sua energia na preservação da ortodoxia. Cristalizaram sua doutrina em um credo; pararam de se desenvolver e perderam o espírito da educação cristã, que era o azeite de suas lâmpadas. O protestantismo degenerou-se em ortodoxia morta, e se dividiu em facções oponentes. A igreja protestante, assim enfraquecida, não poderia resistir ao grande poder da rejuvenescida educação papal.

O sucesso dos reformadores deveu-se ao direcionamento dos jovens através do sistema educacional. As escolas papais foram quase abandonadas durante o período de atividade de Lutero e Melanchthon. Mas quando morreram e seus sucessores se tornaram mais interessados em teologia abstrata do que na educação cristã, despendendo seu tempo, energia e o dinheiro da igreja em pregar e escrever sobre teologia abstrata, o sistema escolar papal, recuperando-se, ergueu-se para travar uma luta de vida ou morte com a igreja protestante. O papado percebeu que a própria existência da igreja papal dependia de sua vitória sobre as escolas protestantes. Ficamos surpresos diante da habilidade e tato que os educadores papais usaram em seu ataque, e a rapidez com que alcançaram a vitória. Essa experiência deveria ser uma contínua lição objetiva aos adventistas do sétimo dia.

Uma escola cristã impulsionada pelo espírito papal: — Os olhos dos sucessores de Lutero e Melanchthon estavam cegos. Não compreendiam "a verdadeira ciência da educação". Não viram sua importância e não entenderam como o caráter depende da educação. "O verdadeiro objetivo da educação é restaurar a imagem de Deus na alma" (*Christian Education*, p. 63). Satanás tirou vantagem dessa cegueira para induzir alguns de seus próprios educadores, como lobos em pele de ovelha, a destruir o rebanho. O principal desses foi John Sturm, que, aos olhos desses reformadores cegos, era considerado um bom protestante. Sturm introduziu praticamente todo o sistema papal de educação nas escolas protestantes de Strasburg. E pelo fato de ele professar simuladamente o protestantismo, os sucessores de Lutero olhavam com favor todas as suas manobras educacionais. Ele era considerado, pelos assim chamados reformadores, como o maior educador de seu tempo, e sua escola tornou-se tão popular entre os protestantes que foi tomada como modelo para as escolas protestantes da Alemanha. Sua "influência estendeu-se à Inglaterra e, de lá, à América. ... 'Quem quer que esteja familiarizado com a educação ministrada em nossas principais escolas clássicas, como Eton, Winchester e Westminster, há quarenta anos, não deixará de perceber que seu currículo foi formado em grande parte sob o modelo de Sturm'". O historiador diz que a ambição de Sturm era "reproduzir a Grécia e Roma no meio da civilização cristã moderna" (*A History of Education*, p. 162).

Esse lobo educacional, vestido com lã cristã, fez grandes incursões em meio aos cordeiros do rebanho e tornou possível a vitória papal. O mais perigoso de todos os inimigos numa igreja é sua própria escola que, ao mesmo tempo que professe ser cristã, possui "professores e administradores que são apenas meio-convertidos"; que estão "acostumados aos métodos populares"; que "aceitam alguns pontos e fazem reformas pela metade; ... preferindo trabalhar segundo as próprias ideias" (*Testemunhos para a Igreja*, Vol. 6, p. 141), que passo a passo avançam rumo à educação mundana, levando consigo inocentes cordeiros. No dia do juízo, haverá mais misericórdia para o homem que se tem mostrado frio e inimigo declarado de algum movimento de reforma, do que para aquele que professa ser um pastor de ovelhas, mas que não passa de um lobo vestido de cordeiro, o qual engana as ovelhas até se tornarem incapazes de se salvar. Esse é o golpe de mestre satânico para subverter a obra de Deus no mundo, e não há nenhuma outra influência mais difícil de ser neutralizada. Nenhuma outra forma de mal é tão fortemente denunciada: "Conheço as tuas obras, que nem és frio nem quente; quem dera foras frio ou quente! Assim, porque és morno, e não és frio nem quente, vomitar-te-ei da minha boca" (Ap 3:15, 16).

A escola de Sturm ficou a meio caminho entre as escolas cristãs de Lutero e Melanchthon e as escolas papais ao seu redor. Ela oferecia uma mistura de literatura medieval clássica com uma fatia fina das Escrituras, ensanduichada para causar boa impressão, e aromatizada com as doutrinas da igreja. Seu curso de estudo era impraticável; seus métodos de instrução eram mecânicos; o trabalho de memorização era exaltado; sua forma de administração, arbitrária e empírica.

> "Um conhecimento morto de palavras tomou o lugar do conhecimento vivo das coisas. ... Os alunos eram obrigados a aprender, mas não educados a ver e ouvir, a pensar e provar, e não eram conduzidos a uma verdadeira independência e perfeição pessoal. A função dos professores centralizava-se no ensino do texto prescrito, e não no desenvolvimento harmonioso dos jovens segundo as leis da natureza" (*A History of Education*, p. 156-157).

Macaulay, falando desse sistema de educação, acrescenta:

> "Eles prometiam o impraticável e desprezavam o praticável. Encheram o mundo com longas palavras e compridas barbas, e o deixaram tão ignorante e mau como o encontraram" (Thomas B. Macaulay, "Lord Bacon", *Critical and Historical Essays Contributed to the Edinburgh Review*, Vol. 2, 1877, p. 389).

Escolas Jesuítas: — Este estudo tem o propósito de tornar claro que os professores protestantes debilitaram e tornaram a denominação protestante despreparada contra o ataque feito pelo papado por meio do sistema oposto de educação introduzido por Loyola, fundador da ordem dos jesuítas. Antes disso, a igreja católica estava consciente de sua impotência em resistir ao grande movimento do protestantismo, inaugurado por milhares de missionários preparados nas escolas cristãs de Lutero e Melanchthon. Notando o retorno da igreja protestante à ortodoxia morta sob a liderança ineficiente dos sucessores de Lutero, o papado reconheceu o ponto vulnerável no protestantismo.

A ordem dos Jesuítas tinha como missão especial combater a Reforma. Como o meio mais eficaz de deter o progresso do protestantismo, essa ordem visou a controlar a educação. "Ela desenvolveu uma imensa atividade educativa" em países protestantes,

> "e suas escolas alcançaram grande reputação... Mais do que qualquer outra agência, ela trouxe obstáculos ao progresso da Reforma, e ainda conseguiu reconquistar territórios antes conquistados pelo protestantismo. ... Ela trabalhou principalmente por meio de suas escolas, as quais estabeleceu e controlou em grande número. .... Cada membro da ordem tornou-se um professor competente e prático" (*A History of Education*, p. 167-169).

Os seguintes métodos de ensino eram característicos das escolas jesuítas: "A *memória* era cultivada como meio de reprimir a livre atividade do pensamento e a clareza de julgamento". Em lugar de autogoverno, seu método de disciplina era "um sistema de mútua desconfiança, espionagem e denúncia. *Implícita obediência* desobrigava os alunos de toda responsabilidade quanto à justificação moral de suas ações" (Karl Rosenkranz, *The Philosophy of Education*, p. 270-271).

> "Os jesuítas davam muita importância à competição. ... 'Aquele que sabe como estimular o espírito de competitividade encontrou o mais poderoso auxílio em seu ensino. Nada mais honroso do que superar um colega, e nada mais desonroso do que ser superado. Prêmios serão entregues aos melhores alunos e com a maior solenidade possível.'... Procuravam-se resultados ostensivos com os quais deslumbrar o mundo. Um desenvolvimento harmonioso não tinha valor. ... 'Os jesuítas não visavam ao desenvolvimento de todas as faculdades de seus alunos, mas apenas as capacidades receptivas e reprodutivas. [Quando um aluno] dava demonstração brilhante dos recursos de uma memória bem abastecida, ele havia então alcançado o máximo desenvolvimento ao qual os jesuítas procuravam levá-lo. Originalidade e independência de espírito, o amor da verdade em si, a capacidade de refletir e formular juízos corretos não foram simplesmente negligenciados, mas de fato suprimidos pelo sistema jesuíta.'" (*A History of Education*, p. 171-173).
>
> "O sistema jesuíta de educação ... foi notadamente bem-sucedido e, por um século, quase todos os homens mais importantes da cristandade vieram de escolas jesuítas" (*The Philosophy of Education*, p. 271).

O sucesso das escolas jesuítas. — Com referência ao sucesso do sistema educacional jesuíta em conquistar os protestantes descuidados e indiferentes, lemos: "Eles levaram adiante seus propósitos". Lançaram sombras sobre as escolas protestantes e, como um parasita, sugaram-lhes a vida. "Seus trabalhos foram, acima de tudo, voltados às universidades. ... Os protestantes tiraram seus filhos de escolas distantes e os colocaram sob os cuidados dos jesuítas. ... [Os jesuítas] ocupavam a cátedra dos professores. ... Eles conquistaram os alemães em seu próprio solo, em seu próprio lar, e arrancaram deles parte de sua terra natal" (*History of the Popes, Their Church and State*, p. 170-172). Esse triunfo rapidamente se estendeu a quase todos os países europeus. Eles conquistaram a Inglaterra ao levarem a juventude inglesa a Roma, educando esses jovens em escolas jesuítas e enviando-os de volta a sua terra natal como missionários e professores. Assim, eles se estabeleceram nas escolas da Inglaterra. Os jesuítas também se espalharam pelo Novo Mundo, e ali se estabeleceram completamente, e, desde então, vêm empregando seus métodos característicos. Aqui [nos Estados Unidos], como em outros lugares, seu único propósito é "alcançar o monopólio da educação para que, tendo os jovens em suas mãos, possam moldá-los segundo seu próprio padrão" (Richard E. Thompson, *Footprints of the Jesuits*, p. 419).

> "Dentro de cinquenta anos, a partir do dia em que Lutero queimou a bula de Leão X diante das portas de Wittemberg, o protestantismo alcançou seu clímax de predomínio, uma conquista que logo foi perdida e que nunca conseguiu recuperar" (Thomas B. Macaulay, "Essay on Von Ranke's History of the Popes", *The Edinburgh Review*, p. 236, 237).
>
> "Como foi que o protestantismo obteve tamanho progresso e, então, deixou de avançar? Como foi que a igreja de Roma, depois de ter ficado sem a posse de grande parte da Europa, não apenas parou de perder, mas realmente recuperou quase metade do que havia perdido? Esta certamente é uma pergunta muito curiosa e importante" (*Ibid.*, p. 227).

Já tivemos a resposta, mas ela é melhor enunciada por Macaulay, que entendeu o papel desempenhado pelas escolas jesuítas fundadas por Loyola:

> "Foi o celebrado Inácio de Loyola que, na grande contrarreforma, desempenhou a mesma parte que Lutero exercera no grande movimento protestante. Foi aos pés desse jesuíta que os jovens das classes média e alta foram educados desde a infância até a idade adulta, começando com os primeiros rudimentos até chegar aos cursos de retórica e filosofia... A poderosa ordem saiu vencendo e para vencer... Seu primeiro objetivo era não permitir que nenhuma pessoa saísse de sob o manto da igreja" (*Ibid.*, p. 240, 241).

A caça à heresia derrota a causa protestante: — Macaulay fornece as causas para essa derrota do protestantismo e para o sucesso do papado:

> "A guerra entre Lutero e Leão X foi uma guerra entre a firme fé e a incredulidade; entre o zelo e a apatia; entre a energia e a indolência; entre a seriedade e a frivolidade; entre a moral pura e o vício. Muito diferente foi a guerra que o protestantismo degenerado teve de travar contra o catolicismo regenerado", [que se tornou possível graças ao sistema educacional jesuíta] (*Ibid.*, p. 244, 245).
>
> "Os reformadores tinham contraído algumas das corrupções que haviam sido justificadamente censuradas na igreja de Roma. Haviam se tornado mornos e mundanos. Seus antigos grandes líderes haviam baixado à sepultura e não haviam deixado sucessores... Em todos os cantos do protestantismo vemos fraqueza; em todos os cantos do catolicismo vemos ardor e devoção. Quase todo o zelo dos protestantes foi dirigido uns contra os outros. Dentro da Igreja Católica não havia sérias disputas sobre pontos de doutrina...

> Por outro lado, a força que deveria ter sido usada na batalha da Reforma estava exaurida por conflitos civis" (*Ibid.*, p. 245).

O papado aprendeu uma amarga lição no trato com os hereges. Desde a reforma, ele conserva sua força pondo-os a trabalhar.

Macaulay afirma:

> "Roma compreende completamente o que nenhuma outra igreja jamais entendeu: como lidar com os entusiastas... A Igreja Católica não se submete ao entusiasmo, nem o prescreve, mas o usa... Ela, portanto, os alista [os entusiastas] em seus serviços... Para um homem com tal mentalidade [entusiasta], não há lugar no seio das igrejas protestantes ortodoxas tradicionais. Tal homem nunca frequentou a universidade; ... alguém lhe diz então que, para permanecer na comunhão da igreja, ele deve ser apenas um ouvinte e que, se está decidido a ser um líder, precisa começar sendo um separatista [herege]. Sua decisão é logo tomada; ele faz um discurso estrondoso em Tower Hill ou em Smithfield. Uma congregação é formada e dentro de poucas semanas a igreja [protestante] terá perdido centenas de famílias" (*Ibid.*, p. 247-249).

O papado foi mais sábio que os protestantes em lidar com aqueles que se tornaram um pouco instáveis em seus pontos de vista. Ele dedicou pouco tempo em julgamentos eclesiásticos. Em vez de tentar forçá-los a sair da igreja, ele direcionou seus esforços.

> "Enquanto a Igreja da Inglaterra estigmatiza o entusiasta ignorante... como um inimigo dos mais perigosos, a Igreja Católica faz dele um campeão. Ela pede que ele deixe crescer a barba, o cobre com um hábito e capuz de tecido grosso e escuro, amarra uma corda na sua cintura e o envia para ensinar em seu nome. Ele nada custa a ela. Ele não recebe um tostão do clero regular. Passa a viver das esmolas daqueles que respeitam seu caráter espiritual e são gratos por suas instruções... Toda essa influência é empregada para fortalecer a igreja... Dessa forma, a igreja de Roma reúne em si toda a força da organização religiosa e toda a força da dissidência. ... Coloque Inácio de Loyola em Oxford. É certo que ele virá a se tornar o chefe de uma cisão formidável. Coloque John Wesley em Roma. É certo que ele virá a ser o primeiro general de uma nova sociedade dedicada aos interesses e honra da igreja" (*Ibid.*, p. 249-250).

A igreja de Roma, desde o seu rejuvenescimento, está literalmente repleta de soldados zelosos, entusiastas e determinados, que nada sabem senão viver, ser usados e morrer pela igreja. Ela está determinada a trazer as denominações protestantes de volta ao seu seio humilhadas, arruinadas e completamente subjugadas. Em toda parte, na pessoa de professores jesuítas, editores e funcionários públicos, ela possui pessoas trabalhando com o objetivo de moldar o sentimento público, alcançar as posições governamentais de importância e controle, e, acima de tudo, por meio de seus professores, obter o controle das mentes de crianças e jovens protestantes. Ela valoriza e utiliza este princípio perene: "Ensina a criança no caminho em que deve andar; e até quando envelhecer não se desviará dele". Os católicos dizem: "Deixem-nos ensinar uma criança até os doze anos e ela sempre permanecerá católica". Agora podemos compreender melhor por que os reformadores ingleses não entenderam o caráter e o perigo do sistema escolar operante em Cambridge, Oxford, Eton e Westminster, e involuntariamente implantaram esse sistema de ensino nas praias de seu novo lar [a América] e em cada uma de suas escolas cristãs. Eles ignorantemente o promoveram e o disseminaram; e seus sucessores, como os sucessores de Lutero e Melanchthon, tornaram-se tão contaminados com o espírito de Roma que, por volta de 1844, as igrejas protestantes estavam moralmente como sua mãe.

Com isso delineamos as raízes que produziram a árvore da educação nos Estados Unidos. Embora Harvard, a primeira escola da Nova Inglaterra, "não passasse de uma escola para formação de ministros", e "a Bíblia fosse sistematicamente estudada", é evidente para todo estudante dos cursos de Harvard que, além do ensino bíblico, seu currículo foi estabelecido segundo os moldes de Eton, Rugby e outras notórias escolas inglesas, todas baseadas no sistema de Sturm. Yale, William e Mary e outras instituições dos Estados Unidos foram modeladas conforme esse sistema. *Vejam a América protestante instruindo suas crianças em escolas estabelecidas segundo o sistema educacional papal de Sturm.*

O segredo da rejeição das denominações protestantes em 1844 se encontra na história educacional que acabamos de relatar. Vemos que, embora se apegassem às formas do protestantismo, seu sistema educacional incutia continuamente no aluno a vida do papado. Isso produziu um estilo de protestantismo imbuído do espírito papal. O nome disso é Babilônia. *Não deveriam nossos estudantes questionar seriamente o caráter do sistema educacional a que estão sujeitos*, a fim de que não se encontrem em companhia das cinco virgens loucas que são rejeitadas no tempo do alto clamor, assim como as grandes igrejas cristãs foram rejeitadas no tempo do clamor da meia-noite, porque não compreenderam a "verdadeira ciência da educação?" Elas não "entraram na linha da verdadeira educação", e rejeitaram a mensagem.

Certas ideias divinas de reforma no governo civil foram recebidas de Deus por alguns homens neste país, durante os dias da ferida mortal do papado. Esses homens ousaram ensinar e praticar essas verdades. Eles promoveram os verdadeiros princípios de governo civil, de tal forma que a mensagem do terceiro anjo poderia ser transmitida sob sua proteção. Mas o sistema papal de educação, como praticado pelas igrejas protestantes, representou constante ameaça a essa reforma civil, porque as igrejas não estavam dispostas a romper com o clássico rumo medieval baseado na concessão de títulos e honrarias — sem os quais se torna difícil a prosperidade da aristocracia e do imperialismo, quer na igreja ou no estado. Contudo, apesar do fracasso das igrejas em romper com esse sistema, os reformadores civis repudiaram todas as coroas, títulos e honras que teriam perpetuado a aristocracia e o imperialismo europeus. As igrejas, pelo fato de ainda se apegarem ao sistema de ensino papal, tornaram-se responsáveis, não apenas pelo espírito do papado dentro de si mesmas, mas também pelo retorno do imperialismo agora tão claramente manifesto em nosso governo, e especialmente notável em tendências para a centralização, como os monopólios, cartéis e sindicatos.

O ano de 1844 foi um dos períodos mais críticos da história da igreja desde os dias dos apóstolos. O dedo da profecia, por séculos, já vinha apontando para aquele ano. Todo o Céu estava interessado no que em breve aconteceria. Anjos trabalhavam com intenso interesse por aqueles que professavam ser seguidores de Cristo, a fim de prepará-los para aceitar a mensagem que naquela época devia ser pregada ao mundo. Mas a história relatada acima mostra que as denominações protestantes apegaram-se ao sistema educacional emprestado do papado, que as tornou inaptas a receber ou dar a mensagem. Por isso, foi-lhes impossível preparar homens para proclamá-la.

Em 1844, o mundo estava se aproximando do grande Dia da Expiação do santuário celestial. Antes dessa data, a história registra um movimento educacional cristão e um despertamento religioso notáveis. As igrejas populares estavam se aproximando rapidamente de seu teste crucial. E Deus sabia que lhes era impossível transmitir de modo aceitável a mensagem final, a menos que entrassem "na linha da verdadeira educação" — e tivessem uma compreensão clara da "verdadeira ciência da educação". Estas palavras lhes eram aplicáveis: "Agora, como nunca antes, precisamos compreender a verdadeira ciência da educação. Se deixarmos de compreender isso, jamais teremos lugar no reino de Deus" (Ellen G. White, *Christian Educator*, 1º de agosto de 1897).

O que as igrejas protestantes enfrentaram em 1844, nós, adventistas do sétimo dia, estamos enfretando hoje. Veremos como as denominações protestantes se opuseram aos princípios da educação cristã e, dessa forma, deixaram de instruir seus jovens para dar o clamor da meia-noite. Jovens adventistas do sétimo dia, milhares dos quais estão estudando em escolas do mundo, não podem dar-se ao luxo de repetir esse fracasso. Aquele poderoso brado, "Caiu, caiu Babilônia", produzido pela queda moral das igrejas populares, nunca teria sido dado se elas tivessem permanecido fiéis aos princípios da educação cristã. Se os adventistas do sétimo dia chegarem ao alto clamor com a mesma experiência vivenciada pelos protestantes no período do clamor da meia--noite, também serão como virgens loucas para quem a porta foi fechada. Todas as virgens na parábola de Cristo tinham lâmpadas — as doutrinas —, mas faltava-lhes o amor da verdade que ilumina esses ensinamentos. "A ciência da verdadeira educação é a verdade que deve ser tão profundamente gravada na alma que não se possa apagar pelo erro tão abundante em toda parte. A mensagem do terceiro anjo é verdade, luz e poder" (*Testemunhos para a Igreja*, Vol. 6, p. 131). Não é a educação cristã, então, a luz das doutrinas? A educação papal falha em acender essas lâmpadas, pois não passa de escuridão.

Certamente nossos jovens adventistas do sétimo dia estão vivendo em um tempo solene — tempo em que cada professor neste país, cada aluno e futuros obreiros missionários da igreja devem encarar a situação e definir sua atitude para com os princípios da educação cristã. O fato é que, "antes que possamos levar a mensagem da verdade presente em toda a sua plenitude a outros países, devemos primeiro romper todo jugo. Precisamos entrar na linha da verdadeira educação" (Ellen G. White, "The Madison School", *Special Testimonies*, Series B, No. 11, p. 30). "Agora, como nunca antes, precisamos compreender a verdadeira ciência da educação. Se deixarmos de compreender isso, jamais teremos lugar no reino de Deus". Estamos lidando com uma questão de vida ou morte.

2. A História da Reforma Educacional Antes de 1844

Vamos agora abordar o estudo da reforma educacional, antes de 1844, realizada entre as denominações protestantes em conexão com a mensagem do primeiro anjo. A declaração a seguir mostra que havia necessidade de uma reforma na educação naquela época.

> "Quando a verdade para estes últimos dias veio ao mundo por meio da proclamação da primeira, segunda e terceira mensagens angélicas, foi-nos mostrado que, mediante a educação de nossos filhos, uma diferente ordem de coisas deveria ser introduzida" (*Testemunhos para a Igreja*, Vol. 6, p. 126).

É impossível, por limitação de tempo, estudar detalhadamente todas as experiências do grupo de mais de sessenta escolas que defendiam reformas da educação antes de 1844. Sem nenhuma pretensão de esgotar o assunto, o objetivo aqui será mostrar que a luz da educação cristã brilhou com suficiente clareza em várias escolas dos Estados Unidos, a fim de oferecer às denominações protestantes uma oportunidade de reunir esses princípios, que estavam se desenvolvendo nas diversas escolas, e incorporá-los em suas próprias escolas, de modo que pudessem "entrar na linha da verdadeira educação" e treinar um exército de missionários que disseminasse a mensagem ao mundo naquele momento. Por conveniência, as várias fases da educação cristã serão consideradas da seguinte forma: O Lugar da Bíblia na Educação; Os Clássicos Seculares Antigos e Modernos; Cursos Eletivos de Estudo e Conferição de Títulos Acadêmicos; Reformas na Alimentação; Localização Apropriada de Escolas e Edifícios Escolares; Treinamento de Missionários de Sustento Próprio e o Movimento Leigo. A atitude do estudante adventista do sétimo dia em relação a esses problemas vai medir sua eficiência na proclamação da mensagem do terceiro anjo.

Historiadores citados: — A história do movimento de reforma educacional antes de 1844, da qual faremos menção, foi escrita em sua maior parte por homens que não estavam em sintonia com as reformas feitas naquela época. Muitas dessas escolas, após renunciarem às suas reformas, desenvolveram o sistema popular de educação. Os educadores ligados a essas escolas, em sua história posterior, não demonstram nenhum orgulho pelo período que abrangeu aquelas experiências de reforma, da mesma forma que um homem que uma vez conheceu a Cristo, e O seguiu com simplicidade, deixa de se orgulhar de sua experiência passada ao voltar-se para o mundo. Tal homem é capaz de tratar com leviandade sua experiência religiosa e desculpar-se por sua atitude anterior em relação à reforma.

Portanto, esses historiadores, escrevendo após o período da reforma, têm frequentemente retratado a reforma sob uma luz desfavorável e mesmo ridícula. Houvéssemos tido acesso aos próprios reformadores, e indubitavelmente o movimento apareceria sob uma luz ainda mais brilhante. No entanto, o suficiente nos é dado, mesmo pelos inimigos do movimento, para convencer o leitor de que o Espírito de Deus de fato moveu o coração de líderes educacionais e eclesiásticos acerca dessas grandes reformas e, sob Sua guia, eles tentaram praticá-las.

O Lugar da Bíblia na Educação

Sobre esta questão — a relação que a Palavra de Deus deveria manter com outras disciplinas do currículo escolar — tem-se travado a guerra dos educadores de todos os tempos. Os líderes de cada lado nessa controvérsia entendem que sua vitória depende da posição que a Bíblia ocupa na escola.

A história dessa disputa entre as duas forças sobre a posição da Palavra de Deus na educação dos jovens pode ser vista na seguinte narrativa bíblica:

> "Serviu, pois, Israel ao Senhor todos os dias de Josué, e todos os dias dos anciãos que ainda sobreviveram muito tempo depois de Josué... E outra geração após ela se levantou, que não conhecia ao Senhor... Deixaram o Senhor, Deus de seus pais... e foram-se após outros deuses, dentre os deuses das gentes que havia ao redor deles, e adoraram a eles... Por isso a ira do Senhor se acendeu contra Israel, e os entregou na mão dos espoliadores que os despojaram... E não puderam mais resistir diante dos seus inimigos... E levantou o Senhor juízes, que os livraram da mão dos que os despojaram... Porém sucedia que, falecendo o juiz, reincidiam e se corrompiam mais do que seus pais, andando após outros deuses" (Josué 2:7-19).

Essa é uma história condensada do antigo Israel. Quando a Palavra de Deus tinha seu lugar na casa e na escola, Israel era próspero, e as nações do mundo diziam a seu respeito: "Certamente este grande povo é gente sábia e inteligente". Então lemos que eles "se esqueciam" das coisas de Deus, e deixavam de "ensinar a seus filhos" a Palavra. Essas crianças que não haviam sido instruídas na Palavra de Deus,

> "se misturaram com as nações, e aprenderam as suas obras. E serviram os seus ídolos, que vieram a ser-lhes um laço... Assim se contaminaram com as suas obras, e se corromperam com os seus feitos... E os entregou nas mãos dos gentios; e aqueles que os odiavam se assenhorearam deles... Muitas vezes [Deus] os livrou" (Salmo 106:35-43).

O estudante da Bíblia pode ver nessa história do antigo Israel uma série de reformas que exaltavam a Palavra de Deus ao seu devido lugar na casa e na escola. Tais movimentos eram seguidos de negligência em relação ao estudo da Bíblia e à prática de seus princípios no lar e na escola. Como decorrência, as ideias dos homens mundanos passavam a ter primazia sobre a Palavra de Deus, resultando em tamanho enfraquecimento que os próprios povos, que Israel estava tão ansioso por imitar, os desprezavam por sua imitação e os consideravam com tal desdém que reduziram Israel à mais abjeta escravidão; assim, Israel perdeu a estima do mundo, em busca da qual eles haviam negligenciado a Palavra de Deus. No mundo educacional, Israel se tornou a cauda em vez de a cabeça. Essa tem sido uma luta renhida entre Cristo e Satanás; Cristo sempre colocando a sabedoria de Sua Palavra diante de Seu povo como "a coisa principal", "a árvore da vida", enquanto o deus deste mundo nos mantém em cativeiro sempre que o amor da verdade se extingue em nosso coração. Sempre foi propósito de Satanás "corromper por meio de filosofias e enganos vãos segundo a tradição dos homens, segundo os rudimentos do mundo". E assim, a questão em litígio entre Cristo e Satanás na polêmica educacional, passada, presente e futura, tem sido sobre o lugar da Bíblia na mente e vida de professores e estudantes. A história do moderno Israel pode ser escrita com a mesma linguagem que a do antigo Israel, colocando no lugar apenas termos e frases modernos para gravar mais vividamente as comparações e aplicações. A geração que se deixa iludir a ponto de preferir a literatura mundana em lugar da Palavra de Deus raramente tem sido capaz de aplicar essas lições para si mesma, porque "o deus deste século cegou o entendimento dos incrédulos".

> "Acima de todos os outros livros, deve a Bíblia merecer nosso estudo, como o grande livro didático, a base de toda educação; e nossos

> filhos devem ser instruídos nas verdades que nela se encontram, a despeito de hábitos e costumes anteriores. Assim fazendo, professores e alunos encontrarão o tesouro escondido, a educação superior. As regras bíblicas devem servir de guia na vida diária... Temos de introduzir um novo propósito e dar-lhe lugar, e os alunos precisam ser ajudados a aplicar os princípios bíblicos em tudo quanto fizerem. Tudo o que está torcido, tudo o que se acha desviado da linha reta tem de ser claramente indicado e evitado, pois é iniquidade que não deve ser perpetuada" (*Testemunhos para a Igreja*, Vol. 6, p. 127, 131).

Os alunos de nossas escolas cristãs deveriam testar pela Palavra de Deus todos os fatos e declarações feitas. Todas as informações que não resistirem ao teste devem ser rejeitadas como palha, pois não são óleo para suas lâmpadas e somente trarão empecilhos na proclamação do alto clamor. "Deve ser introduzida uma diferente ordem de coisas" em nossas escolas e "tudo o que está torcido, tudo o que se acha desviado da linha reta" precisa ser endireitado mediante os princípios bíblicos. Se esse princípio tivesse sido adotado antes de 1844, os alunos teriam sido preparados para receber o clamor da meia-noite e levar a mensagem até os confins da terra.

A Bíblia em Oberlin: — O Colégio Oberlin, fundado em Oberlin, Ohio, no ano de 1833, teve uma experiência notável na formação de obreiros cristãos. Um historiador da instituição escreve:

> "As Escrituras, tanto na versão inglesa como em suas línguas originais, eram consideradas como possuidoras do mais elevado valor educativo e, como tal, deviam ser estudadas em primeiro, em último e em todos os lugares... A Bíblia é apta para estar, e deveria estar, no mínimo, no mesmo nível que os clássicos, e deveria ter um lugar em cada planejamento de ensino desde a escola primária até a universidade... não deveriam os estudantes de teologia ler toda a Bíblia em hebraico e grego? Oberlin decidiu restabelecer a Bíblia ao seu devido lugar como um livro didático permanente no programa de estudo como um todo... Educação cristã sem a Bíblia! Uma monstruosidade no mundo religioso e uma pedra de tropeço para os incrédulos!" (Delavan L. Leonard, *The Story of Oberlin*, p. 233-235 [The Pilgrim Press, 1898]).

As seguintes palavras resumem as conclusões de uma numerosa classe de homens eruditos daquele tempo que se esforçavam para promover uma reforma na educação:

> "Na idade das trevas, os clássicos foram primeiramente desprezados, em seguida exaltados ao extremo, e as Escrituras menos-

> prezadas. Agora, mais uma vez, vemos que a Bíblia é excelente no que se refere a estilo e bom gosto... A Bíblia é esquecida e negligenciada na educação. Que ela tenha o seu lugar. *Questões como essas não devem ser decididas pelos costumes das escolas que ainda se acham repletas de muitos usos provenientes do tempo do Cardeal Bembo* [1470-1547 d. C]" (*Idem*, p. 235).

Um esforço sincero foi feito por muitos reformadores educacionais para colocar a Bíblia no seu devido lugar nas escolas. O poder de Deus acompanhou esse esforço. Se os professores não tivessem cedido à pressão feita pelos líderes simpatizantes da educação mundana, a história das igrejas populares teria sido completamente diferente, e a dos adventistas do sétimo dia também.

Oberlin permitiu que a Bíblia fosse sorrateiramente retirada de sua exaltada posição e, após um período de sessenta anos, com base nas palavras a seguir, concluímos que as Escrituras ainda não alcançaram a posição que deveriam ocupar mesmo entre nossos próprios estudantes [adventistas do sétimo dia]:

> "A Bíblia não foi considerada, em sua educação, assunto vital, mas livros impregnados de ateísmo e propagadores de teorias errôneas foram postos diante deles" (Ellen G. White, *Fundamentos da Educação Cristã*, p. 446).

Os Clássicos Seculares Antigos e Modernos

Os alunos de um sistema mundano de educação são inspirados pelas ideias dos clássicos pagãos e de outros autores seculares, assim como alunos sob a educação cristã são inspirados pela Bíblia. Os clássicos, ou ciências humanas, nem sempre aparecem pelo nome no currículo de algumas escolas ditas cristãs; todavia, se o sistema não for movido pelo espírito da Bíblia, o resultado da educação será visto no caráter mundano dos estudantes.

> "Livros de autores não inspirados são postos nas mãos de crianças e jovens em nossas escolas como livros de estudo — como livros pelos quais hão de ser educados. São mantidos diante dos jovens, e seu precioso tempo é ocupado no estudo de coisas que nunca poderão usar" (*Ibid.*, p. 232).

> "Todas as matérias desnecessárias precisam ser extirpadas do programa de estudo, e que sejam colocados diante do aluno apenas os estudos que serão de real valor para ele" (*Ibid.*, p. 151).

Os Clássicos em Oberlin: — Os reformadores educacionais anteriores a 1844 se esforçaram em seguir a verdade nas disciplinas que ensinavam. Oberlin, entre outras instituições, teve essa experiência:

> "*Os clássicos pagãos*: — estas duas palavras representam outra das questões candentes de 60 anos atrás ... O assunto estava sob debate em todos os lugares no exterior" (*The Story of Oberlin*, p. 231).

O presidente Mahan, em 1835,

> "opôs-se ao presente plano em relação ao grego e latim, especialmente o último. Disse ele que o projeto estava mais adaptado para educar pagãos do que cristãos. Podemos disciplinar a mente com as Escrituras grega e hebraica, e são elas que podem purificar a mente. Essa é a opinião dos melhores homens e dos melhores eruditos. Tenhamos menos clássicos e mais ciência natural; mais direito americano, mais história, mais acerca de homens e fatos. Deem-se-nos a verdade, os fatos e o conhecimento prático e disponível" (*Ibid.*, p. 232).

O anúncio anual de Oberlin, publicado em 1834, contém esta afirmação:

> "O departamento acadêmico irá proporcionar instrução tão extensa como a de outras faculdades, diferenciando-se de algumas por substituir os mais objetáveis autores pagãos pelo hebraico e os clássicos sagrados".

A razão atribuída para substituir os autores pagãos pelas Escrituras nas línguas originais foi "que certos autores clássicos eram tão abominavelmente impuros que seria nada menos que um crime colocá-los nas mãos de nossos jovens" (*Idem*).

Sessenta anos após isso, nós, os adventistas do sétimo dia, recebemos a seguinte instrução sobre esse assunto, porque nossas escolas não haviam adotado a mesma postura firme quanto aos clássicos e aos autores mundanos que esses reformadores educacionais adotaram antes do clamor da meia-noite:

> "Deverão sentimentos pagãos e infiéis ser apresentados a nossos estudantes como valiosos acréscimos a seu cabedal de conhecimentos?" (Ellen G. White, *Conselhos aos Pais, Professores e Estudantes*, p. 25).

O Conselho Administrativo pediu ao corpo docente de Oberlin

> "que considerassem com muita oração e deliberação se o tempo dedicado a clássicos pagãos não deveria ser melhor aproveitado pelo estudo das Escrituras hebraicas e da ciência natural" (*The Story of Oberlin*, p. 233).

Três anos depois, os mesmos administradores perguntaram:

> "Os estudantes de teologia não deveriam ler toda a Bíblia em hebraico e grego?" (*Idem*).

Dois anos depois, eles votaram:

> "Que a nenhum estudante fosse negada a aprovação ao final de sua faculdade por causa de qualquer falta de conhecimento dos clássicos pagãos, desde que ele tenha bom desempenho no exame de outros ramos necessários em seu preparo para pregar a Cristo" (*Idem*).

O movimento para substituir os clássicos pagãos pelas Escrituras encontrou receptividade em muitas escolas. Em 1830, um advogado de grande eminência, formado em Yale, fez um apelo em favor dos "Clássicos Sacros versus Clássicos Pagãos". O presidente da Amhurst, o presidente da Cooper Union e o Prof. Stowe, do Dartmouth College,

> "estavam de pleno acordo com ele em seu desejo de ver relativamente menos honra concedida à literatura da Grécia e Roma antigas, e relativamente mais honra à literatura da antiga Palestina" (*Ibid.*, p. 235).

Essas citações mostram que muitas instituições de ensino que hoje defendem os clássicos, pelo menos em algum momento em sua história passada, favoreceram a substituição dos clássicos pelas Escrituras.

Cursos Eletivos de Estudo e Conferição de Títulos Acadêmicos

A educação secular obriga os estudantes, sem levar em conta suas necessidades ou futuro trabalho, a seguir um curso ou prescrito predeterminado de instrução. Ela lida com os alunos como um único grupo. A educação cristã reconhece as necessidades individuais e trabalha para aperfeiçoar o caráter individual. Ela permite que os estudantes, em conselho com seus professores, selecionem as matérias de acordo com suas futuras necessidades. O papado não pode prosperar a menos que submeta seus alunos a um curso predeterminado, "o triturador", a fim de destruir a independência e a individualidade. O protestantismo é o reverso disso.

> "Este prolongado e cansativo processo de aumentar cada vez mais o tempo e os ramos de estudo é uma das ciladas de Satanás para deter os obreiros... Se tivéssemos mil anos à nossa frente, tal profundeza de conhecimento seria desnecessária, embora pudesse ser muito

> mais apropriado; mas o nosso tempo agora é restrito" (*Special Testimonies on Education*, p. 106).

Disciplinas eletivas: — Thomas Jefferson, em sua declaração de Princípios para a Universidade de Virgínia, em 1823, disse com relação ao currículo estereotipado:

> "Não estou plenamente informado sobre as práticas em Harvard, mas há uma em que certamente vamos nos diferenciar, embora tenha sido copiada, creio eu, por quase todas as escolas de ensino superior e secundário dos Estados Unidos. Trata-se do fato de manter todos os estudantes em um curso de leitura prescrito e a proibição de que se dediquem exclusivamente aos ramos que devem qualificá-los para as vocações específicas que previamente escolheram. Nós, ao contrário, lhes daremos permissão de escolher, sem qualquer coerção, as palestras a que preferirem assistir, e requereremos apenas as qualificações elementares e idade suficiente" (Herbert B. Adams, *Thomas Jefferson and the University of Virginia*, p. 123-124 [Government Printing Office, 1888]).

Boone acrescenta ainda:

> "Esse procedimento está sendo usado desde então.... Não há nenhum currículo de estudos como o que existe na maioria das instituções de nível semelhante. ... Temos aqui a 'liberdade de ensino'; ... e, em mesmo pé de igualdade, ... o princípio igualmente fundamental da 'liberdade de aprendizagem' que, neste país, passou a ser conhecido como o 'sistema aberto' ou o princípio eletivo" (*Education in the United States*, p. 190-191).

O plano de Jefferson para um curso eletivo de estudos representou um golpe contra um dos princípios fundamentais do sistema papal, que não concede ao estudante nenhum tipo de escolha; e, é claro, sofreu oposição por parte dos que eram controlados pelo sistema papal. Boone afirma: "Em 1814, após inúmeras derrotas e oposição constante do já existente William e Mary College, das igrejas protestantes e da maioria dos líderes políticos da época, o Sr. Jefferson e seus amigos procuraram instituir... uma universidade" que reconhecesse o grande princípio da liberdade na educação (*Idem*).

O Randolph-Macon college, uma instituição metodista fundada por volta de 1828, compreendeu a luz da educação cristã e esforçou-se para romper com o sistema medieval que exaltava os clássicos.

Randolph-Macon tomou a seguinte atitude com relação aos antigos cursos medievais.

> "O sistema 'eclético' foi adotado... Alega-se que uma obra mais completa pode ser feita por meio desse sistema do que sob o antigo sistema curricular. Contudo, os estudantes não estão autorizados a escolher por si mesmos sem antes consultar o corpo docente. Praticamente todos os alunos tem um currículo escolhido para si de acordo com o curso que deseja seguir" (*Thomas Jefferson and the University of Virginia*, p. 243).

O Randolph-Macon enfrentou tempos difíceis e deixou de levar avante a reforma.

> "Era um movimento novo e foi alvo de preconceitos ou fria indiferença da parte dos pregadores e do povo" (*Ibid.*, p. 240).

A escola de Harvard, que absorveu o sistema papal de John Sturm, da Cambridge inglesa, e que levou todas as demais escolas americanas a seguir o plano papal de educação, estava entre as primeiras das antigas escolas a tentar entrar na linha da verdadeira educação proposta nessa reforma. Ela começou por volta de 1824.

> "'A experiência de Harvard, durante a longa transição de um currículo uniforme obrigatório para uma liberdade controlada na escolha das disciplinas', poderia ser útil às outras instituções... Ali foi adotado um curso [descrito] como, 'decididamente o plano mais abrangente aprovado até aquele momento'" (*Education in the United States*, p. 192).

Os alunos tinham muita liberdade na escolha de seus estudos. Eles eram autorizados "a optar a partir das seguintes matérias... Essa foi uma grande concessão e teve influência permanente sobre o curso" (*Idem*).

Yale, que tão de perto imitou Harvard no início de sua história, foi substancialmente influenciada pela reforma feita em cursos de Harvard, e permitiu aos seus alunos maior liberdade na escolha dos estudos.

> "Mesmo Yale, que, de modo geral, tem sido com muita propriedade considerada a conservadora do princípio da autoridade na instrução superior, vem concedendo grande liberdade por um quarto de século... Tão numerosas foram as concessões que 'quase metade do trabalho dos últimos dois anos'... 'foi deixado para ser determinado pelo próprio estudante.'... [Os] alunos do terceiro ano [escolheram] 60% de seu curso e os formandos mais de 80%. Do ponto de vista dos antigos ou mesmo de um erudito

> do período revolucionário, a mudança teria parecido ruinosa. ... Mas ninguém mais nega a necessidade ou a sabedoria do princípio eletivo. 'Permitir a escolha ... é perigoso; não permiti-la é mais perigoso ainda'" (*Ibid.*, p. 197, 198).

A universidade de Michigan, anos atrás, se flexibilizou, e "permitiu-se que os alunos seguissem cursos especiais e tivessem a garantia de receber, ao deixarem a escola, certificados de proficiência".

A universidade de Cornell também aderiu ao princípio da educação cristã na questão das matérias eletivas. "A liberdade na escolha dos estudos é vista como fundamental". Em muitas escolas muito conscientizadas, a seguinte pergunta está sendo formulada: "Deveria conceder-se um grau de bacharelado nos casos em que os clássicos foram omitidos? Johns Hopkins diz: Sim" (*Ibid.*, p. 197-198).

Um proeminente educador resume assim as virtudes do sistema eletivo: ele incentiva, já desde o início, a escolha da carreira de alguém; desenvolve a individualidade; fornece oportunidades de escolha e direcionamento individual; fornece a oportunidade de se ensinar o que o aluno mais precisa; mantém melhor o interesse do aluno; revela com antecipação a capacidade do estudante.

Os antigos cursos estabelecidos eram arbitrários e foram necessários para formar um monopólio educacional adequado às necessidades do papado. Sem esses cursos era difícil ofuscar a independência dos alunos e torná-los eficientes ferramentas nas mãos dos líderes. De acordo com as ideias de formação entretidas por essas escolas, a ninguém deveria ser permitido exercer o direito de escolha, por receio de que o aluno não pudesse ser manipulado pelo sistema como um servo obediente, quando engajado em seu trabalho profissional. Individualidade e personalidade, toda independência e originalidade poderiam ser praticamente esmagadas quando os alunos eram submetidos a um programa regular predeterminado de estudos. Ninguém seria autorizado a ensinar, pregar ou fazer qualquer coisa de importância, sem antes terminar um curso e receber sua graduação.

Assim, o Senhor, a fim de preparar obreiros para o clamor da meia-noite, inspirou os reformadores a combater os programas de estudo rígidos e superficiais que haviam sido herdados por séculos praticamente sem mudança — cursos que mantinham a mente dos alunos no passado obscuro e mofado e que os cegaram para as coisas interessantes e práticas da vida, incapacitando-os para enfrentar a vida com competência para colocar em prática as coisas aprendidas na escola. Tal formação era absolutamente inútil para quem estivesse se preparando para dar o clamor da meia-noite.

Titulos: — Os cristãos precisam mostrar ao mundo que "todos os homens foram criados iguais; que foram dotados pelo Criador de certos direitos inalienáveis; que entre estes [direitos] estão a vida, a liberdade e a busca da felicidade". O papado se opõe a essas verdades, e descobriu que as ferramentas mais eficazes para reprimir esses direitos inalienáveis são seu sistema de ensino com seus cursos e conferição de títulos. Por um lado, estas ferramentas destroem a liberdade, a independência e a originalidade do pensamento; enquanto por outro desenvolvem distinção de classes, aristocracia e imperialismo.

A igreja apostólica apóstata, a fim de manter seus membros submissos à sua vontade no ensino, verificou ser necessário o desenvolvimento de um monopólio educacional. Tal monopólio tornou-se eficaz e completo quando adotou o esquema pagão de cursos rígidos para obtenção de títulos. Quanto à forma, manteve-se o cristianismo, mas, no lugar do Espírito de Deus, adotou-se o espírito pagão. A combinação entre o formalismo cristão e a vida pagã produziu o papado. Hartman, escrevendo sobre o sistema educacional da igreja apóstata, disse: "A conferição de títulos originou-se com um papa" (Rev. B. Hartman, *Religion or No Religion in Education*, p. 43).

> "Muitos que se diziam conversos ainda se apegavam aos dogmas de sua filosofia pagã, e não somente continuaram no estudo desta, mas encorajavam-no a outros como meio de estenderem sua influência entre os pagãos" (*O Grande Conflito*. p. 508).
>
> "Enquanto navegamos com a corrente do mundo, não necessitamos de velas, nem de remos. É quando nos voltamos completamente para ir de encontro à correnteza, que começam nossas lutas. Satanás introduzirá toda espécie de teorias para perverter a verdade. A obra irá com dificuldade" (*Testemunhos para a Igreja*, Vol. 6, p. 129).
>
> "Há necessidade de conversão do coração entre os professores. Requer-se genuína mudança de ideias e métodos de ensino, a fim de os colocar onde mantenham relações pessoais com um Salvador vivo" (Ellen G. White, *Fundamentos da Educação Cristã*, p. 435).

Thomas Jefferson, o homem que escreveu aquele grandioso documento antigo — A Declaração de Independência —, que anunciava ao mundo nossa separação da forma papal de governo e que enuncia o princípio divino de que todos os homens são criados livres e iguais, esforçou-se para desenvolver um sistema educacional em harmonia com a posição reformatória que o governo havia assumido. Ele viu a necessidade de descartar cursos e titulações rígidas, e introduziu o "sistema eletivo", como já vimos.

> "No começo, ele tentou pôr de lado os títulos acadêmicos estabelecidos há muito tempo, com exceção do Bacharelado em Medicina (MD), e adotar o simples título de Graduado da UV [Universidade de Virgínia], ou o nome da escola ou escolas na qual o aluno 'havia sido declarado notável', sendo expresso em seu 'certificado', que devia ser 'autenticado' pelo professor específico" (*Thomas Jefferson and the University of Virginia*, p. 153).

O professor Tappan, primeiro presidente da Universidade de Michigan, adotou o plano de Jefferson. "Os alunos eram autorizados a frequentar cursos especiais, e receber no final seus certificados de proficiência" (*Education in the United States*, p. 191).

"As primeiras tentativas para mudar os velhos costumes trouxeram duras provas" (Ellen G. White, *Testemunhos para a Igreja*, Vol. 6, p. 141), e isso ficou bem ilustrado na experiência dos fundadores da Universidade da Virgínia, pois "dentro de alguns anos, o Conselho Administrativo e o corpo docente foram forçados a abandonar a reforma".

Vimos que a demanda popular em prol do formato tradicional de cursos e titulações foi tão forte que Jefferson não pôde resistir. Mais tarde, o Espírito de Deus agitou as igrejas através de um movimento intenso na escola de Oberlin, dando-lhes a oportunidade de fugir daquele sistema tão efetivo na manutenção do papado, a fim de preparar o povo de Deus para o clamor da meia-noite. Do Colégio Oberlin, é dito:

> "O sentimento democrático, o espírito de igualdade, a ausência de classes e castas baseadas em mera distinção artificial é quase tão marcante na instituição quanto na vila" (*The Story of Oberlin*, p. 398).

> "Não houve nenhuma ação positiva da parte dos administradores ou membros do corpo docente contra tais titulações, apenas uma repugnância tradicional. Mesmo as graduações comuns, ainda vigentes, têm perdido às vezes o prestígio entre os alunos. Metade da classe de 1838, que contava com vinte alunos, recusou-se a receber a colação de grau, e o presidente anunciou no início da cerimônia

> que os que desejassem o título poderiam receber seus diplomas no escritório da faculdade" (James H. Fairchild, *Oberlin: The Colony and the College*, p. 267).

A pressão da igreja que dirigia Oberlin foi tão forte que os reformadores foram incapazes de romper com o antigo sistema educacional. Quem pode dizer quanto peso esse fracasso teve em reduzir as igrejas protestantes à condição chamada de "Babilônia?"

Competição, Distinções e Recompensas

A concessão de títulos, recompensas, honrarias, etc., constitui um empréstimo do sistema papal de educação.

> "Em nossas instituições de ensino deveria ser exercida uma influência que neutralizasse a influência do mundo e não desse incentivo algum à condescendência com o apetite, com a satisfação egoísta dos sentidos, com o orgulho, a ambição, o amor ao vestuário e à ostentação, o amor ao aplauso e à lisonja, e à disputa por elevadas retribuições e honras como recompensa pelo bom desempenho escolar. Tudo isso deveria ser desencorajado em nossas escolas. Seria impossível evitar essas coisas enviando-os para as escolas públicas" (Ellen G. White, *Review and Herald*, Jan. 9, 1894).

Antes de 1844, Deus estava Se empenhando em fazer pelas denominações protestantes o que Ele agora está tentando fazer pelos adventistas do sétimo dia. A reforma educacional que aconteceu antes do clamor da meia-noite provou-se um fracasso. Mas aqueles que hão de participar do alto clamor precisam ter êxito na reforma educacional.

> "Oberlin é um tanto peculiar em matéria de notas, prêmios, honrarias e afins. Durante os anos trinta, quando o Sr. Shipherd e seus associados estavam lançando os fundamentos, havia muita discussão acalorada no exterior referente ao valor e legitimidade da competição... na vida estudantil. Muitos dos mais destacados educadores defendiam com muita veemência que esses estímulos não eram necessários para garantir os melhores resultados, e que sua tendência geral era positivamente prejudicial e viciosa como um todo. Em todos os sentidos, era muito melhor atrair os alunos de todos os graus escolares, bem como todos os demais, apelando apenas à sua natureza superior. Influenciados grandemente por tais convicções, a posição deles tem sido a de que, embora se deem notas a chamadas orais e exames, e registros sejam mantidos, tal prática

não deve se tornar base para distribuição de honrarias, mas apenas para consulta privada por parte do professor, do estudante ou de outras pessoas envolvidas. Nenhum anúncio sobre a posição do aluno é jamais feita" (*The Story of Oberlin*, p. 408).

A Universidade de Nashville: — Enquanto Oberlin estava se debatendo com a questão de premiações, recompensas, clássicos, etc., outras instituições estavam batalhando contra o mesmo problema. O Dr. Lindsley, fundador da Universidade de Nashville, predecessora do famoso Peabody Institute, estabelecido nessa época, disse: "A concessão de prêmios como recompensas para o desempenho acadêmico foi descartada". E o fundador testifica que "uma maior paz, harmonia, contentamento, ordem, dedicação e decoro moral prevaleceram" (Lucius S. Marriam, *Higher Education in Tennessee*, p. 33).

Horace Mann, eminente professor, escritor e pai do sistema público de ensino nos Estados Unidos, desaprovou energicamente o sistema clássico de competição. Ele disse:

> "Eu sustento e sempre sustentei que é anticristão colocar duas crianças em tal relação uma com a outra, que, se uma ganha, a outra deve perder. Em tais cirucunstâncias, o que os alunos ganham em intelecto perdem, mil vezes mais, em virtude... Vocês conhecem minha opinião sobre competição. Ela pode produzir estudantes brilhantes, mas, ao mesmo tempo, políticos corruptos e comerciantes desonestos" (Marie Tyler e Horace Mann, *Life and Works of Horace Mann*, vol. 1, p. 494, 515).

O Sr. Mann estava se opondo à prática jesuíta papal — prática tão necessária para o sucesso de seu sistema de educação, a qual diz:

> "Nada será tido por mais ilustre do que superar um colega, e nada mais desonroso do que ser superado. Prêmios serão distribuídos para os melhores alunos e com a maior solenidade possível" (*A History of Education*, p. 171).

Reformas na Alimentação

"A verdadeira ciência da educação" dá ao aluno um conhecimento das leis que regem seu corpo, bem como amor para com elas. Cada escola cristã deveria dar aos seus alunos um conhecimento sobre a dieta adequada, o vestuário apropriado, e deve familiarizá-los com as etapas da vida que fazem deles missionários bem-sucedidos. Uma onda de reformas na questão da alimentação, vestuário e outros importantes princípios de saúde varreu o país, e muitos reformadores educacionais se esforçaram por introduzir esses assuntos práticos em suas escolas. O Espírito de Deus os estava preparando para o teste crucial em 1844.

> "Entre as matérias de estudo selecionadas para a infância, a fisiologia deveria ocupar o primeiro lugar" (Ellen G. White, *The Health Reformer*, 1º de agosto de 1866, par. 4).
>
> "Ela deveria ser considerada como a base de todo esforço educacional" (*Ibid.*, 1 de novembro de 1871, par. 3).
>
> "Embora as escolas que já estabelecemos ofereçam estudos em fisiologia, elas não têm assumido a questão com a decidida energia que deveriam. Elas não têm praticado de forma inteligente o que receberam em conhecimento" (Ellen G. White, *Healthful Living*, p. 13 [1897]).
>
> "A saúde deveria ser tão sagradamente cuidada como o caráter" (Ellen G. White, *Christian Education*, p. 184).

Os fundadores de Oberlin, movidos pelo espírito de reforma, disseram:

> "A fim de termos tempo e saúde para o serviço do Senhor, cumpre-nos comer somente alimento simples e saudável, renunciando a todos os maus hábitos, especialmente o fumo e e mastigação de tabaco, a menos que seja necessário como medicamento, e nos privar de todas as bebidas fortes e desnecessárias, até mesmo do chá e café, tanto quanto possível, e de tudo quanto é dispendioso, simplesmente planejado para satisfazer o apetite" (*The Story of Oberlin*, p. 86).

Em 1832, o Sr. Sylvester Graham, inventor da farinha Graham,

> "começou a chamar os homens ao arrependimento dos pecados cometidos na mesa. De acordo com essa autoridade clássica, legumes e frutas deveriam constituir o conteúdo de cada refeição, e deveriam ser ingeridos em seu estado o mais natural possível. O pão deveria ser feito com farinha de trigo não peneirada, ou seja, em seu estado natural, embora o centeio e o milho indiano sejam admissíveis, se não peneirados, assim como o arroz e o sagu, se forem bem cozidos; um bom creme pode ser usado em vez de manteiga, embora leite e mel sejam um pouco melhores. Seria melhor banir da mesa a carne e o peixe em todas as formas. Nenhuma gordura ou molho de carne devem ser provados e nem quaisquer alimentos líquidos como sopas e caldos. As massas de confeitaria são uma abominação, bem como os bolos nos quais gordura ou manteiga são usados. O pão a consumir deve ser de pelo menos 12 horas depois de saído do forno — 24 horas são melhores. E quanto aos condi-

> mentos, pimenta, mostarda, óleo, vinagre, etc., e estimulantes como chá e café, devem ser evitados de qualquer modo como inimigos mortais à saúde" (*Ibid.*, p. 218-219).

Os professores Shipherd e Finney, da escola de Oberlin, testificaram terem recuperado a saúde através da reforma dietética de Graham. "O púlpito de Oberlin tornou-se fortemente Grahamita. O refeitório da escola foi colocado sob o comando de um discípulo de Graham. "Chá e café não foram introduzidos no refeitório da faculdade até 1842 ou, possivelmente, um pouco mais tarde. ... Muitas famílias abandonaram o chá e o café; algumas adotaram a dieta vegetariana". Em relação à dieta vegetariana, lemos:

> "Durante dois ou três anos mais, os alunos foram alimentados no refeitório com o 'cardápio de Graham'. Eles não estavam restritos a ele. Uma mesa era posta também para aqueles que preferissem uma dieta diferente" (*Oberlin: The Colony and the College*, p. 83).

Reforma alimentar em outras escolas: — Oberlin não era a única em relação a essas reformas. "No Williams College, em 1831, foi formada uma associação de estudantes, cuja maioria se alimentava na escola, que defendia os princípios de abstinência de chá e café, bem como a utilização apenas de alimentos os mais simples em todos os aspectos". "A mesma reforma foi registrada na história do Hudson College". No Seminário de Lane "foi desejo dos estudantes dispensar o chá, o café e todo tipo de extravagância, e viver os princípios da simplicidade e economia cristãs". "Em Danville, Kentucky e no Maryville College do Tennessee, ocorreu o mesmo, porque desejamos que nossos ministros fiquem livres de má digestão e problemas hepáticos". Um historiador de Oberlin escreveu que "era grande o número dos que não usavam nem carne, nem peixe, nem manteiga ou leite, nem chá, nem café" (*The Story of Oberlin*, p. 222, 223).

Horace Mann disse:

> "Devemos prestar muito mais atenção à saúde dos estudantes, não só mediante o ensino das leis fisiológicas de saúde, mas também no treiná-los a uma obediência habitual a elas. Salomão não diz para ensinar a criança no caminho em que deve andar, mas instruí-la [KJV, "*train*", "treinar"], o que significa que deve-se requerer que ela faça a coisa por si mesma, e que a repita constantemente, mesmo que seja dez vezes, até que se torne um hábito" (George C. Mann, *Life and Works of Horace Mann*, Vol. 5, [1891], p. 415).

O Sr. Mann disse mais:

> "Como o exercício físico representa um ingrediente tão importante na manutenção da saúde, o certo é que nenhuma faculdade pode jamais manter um estado geral de boa saúde entre seus alunos, a menos que gastem algumas horas cada dia em esforço muscular. Por essa razão, o corpo docente do Antioch College exige que seus alunos façam exercícios todos os dias. ... Nós incentivamos o trabalho manual de todas as maneiras práticas possíveis, e se pessoas ou indivíduos de espírito liberal vierem a nos doar terra para cultivarmos, ou mesmo para fins de horticultura, prometemos-lhes que a antiga prescrição de lavrar a terra e prepará-la não será esquecida" (*Ibid.*, p. 415, 416).

Será difícil encontrar um escritor que revele uma compreensão mais clara dos princípios de saúde encontrados na Palavra de Deus. Depois de descrever o aumento das doenças no mundo por causa do afastamento do homem do plano original de Deus, o Sr. Mann afirmou:

> "Isso ocorre simplesmente porque o homem transgride as leis do Céu; pois, em função do dinheiro ou por orgulho, doença se junta a doença; ... porque, apesar de Deus ter ordenado que o homem trabalhasse, isto é, fizesse algum tipo de exercício — *no jardim*, ou seja, ao ar livre —, os homens não se dispõem a exercitar-se e vivem em habitações que acrescentam venenos artificiais aos naturais, e então passam a respirar a combinação virulenta" (*Ibid.*, p. 341).

Se a reforma de saúde precisa ser ensinada pelos ministros e professores adventistas do sétimo dia, e entendida e praticada por todos os que haverão de triunfar no alto clamor, somos forçados a concluir que o Senhor estava dando às igrejas protestantes, através de suas escolas, essa luz da reforma da saúde, porque era tão necessário que a compreendessem e a praticassem antes do clamor da meia-noite como o é para nós antes do alto clamor. Somos forçados também a concluir que seu fracasso em viver de acordo com a luz sobre a reforma de saúde os incapacitou para apreciar e aceitar outra luz. Por isso, é extremamente perigoso para os estudantes de agora se relacionarem descuidadamente com essa reforma.

Localização Apropriada de Escolas e Vida Campestre para os Estudantes

O sistema papal de educação é a encarnação da palavra centralização; ele exalta o homem, suas ideias e seus caminhos. Em outras palavras, ele se concentra nos estudos filosóficos, escritos clássicos[1], em estudos artificiais em vez de se dedicar às ciências naturais. Esse esquema de educação pode ser melhor executado em conexão com a vida na cidade. Portanto, as escolas papais e as escolas modeladas segundo suas diretrizes geralmente estão localizadas em cidades de maior ou menor porte. Ao contrário, a educação cristã significa descentralização; exalta a Deus e Suas obras; é um retornar ao modo de agir de Deus. Este sistema pode ser melhor desenvolvido na área rural, em uma fazenda onde deve ser adquirida uma experiência necessária para a proclamação da última mensagem.

> "Deus nos ordena estabelecer escolas afastadas das cidades, onde, sem impedimentos ou entraves, possamos levar avante a obra da educação segundo planos que harmonizem com a solene mensagem a nós confiada para o mundo. Uma educação assim pode ser levada a cabo com maior eficiência onde haja terra para cultivar... A utilidade aprendida em uma escola-fazenda é justamente a educação mais essencial para os que saem como missionários para muitos campos estrangeiros" ("The Madison School," p. 28-29).
>
> "Alguns não apreciam o valor do trabalho agrícola. Não devem ser esses os que façam os planos para nossas escolas, pois impedirão que tudo se desenvolva na direção certa. No passado, a influência dessas pessoas foi um estorvo" (*Testemunhos para a Igreja*, Vol. 6, p. 178).

A respeito dos terrenos da escola foi dito:

> "Essa terra não deve ser ocupada por edifícios, a não ser para proporcionar acomodações para os professores e alunos da escola. A terra ao redor da escola é para ser reservada como a fazenda da escola. Ela deve se tornar uma parábola viva para os alunos. Eles não devem considerar as terras da escola como coisa comum... Eles devem plantar nelas árvores ornamentais e frutíferas, e cultivar ali hortaliças... A fazenda da escola deve ser considerada um livro didático na natureza... (*Ibid.*, p. 181, 182). Apliquem todas as energias de vocês no desenvolvimento da fazenda do Senhor... (*Ibid.*, p. 192).
>
> Os motivos que nos têm levado, em alguns lugares, a nos afastar das cidades e localizar nossas escolas no campo aplicam-se da mesma

[1] Nota do editor: Os escritos clássicos são conhecidos em inglês como: "*The humanities*".

> maneira a escolas em outros lugares. ... Houvesse o dinheiro que nossas escolas maiores têm empregado em prédios dispendiosos sido aplicado em terrenos onde nossos estudantes pudessem receber uma educação apropriada, não haveria tão grande número de alunos agora lutando sob o peso de débitos crescentes, e a obra dessas instituições estaria em mais prósperas condições. ... Os estudantes teriam assegurado uma educação toda-abrangente que os teria preparado, não somente para o trabalho prático em vários ofícios, mas para um lugar na fazenda do Senhor na terra renovada" (*Ibid.*, p. 177).

Vimos que Deus estava se empenhando em despertar as igrejas populares a aceitar a educação cristã. Isso significava uma reforma na localização de suas escolas. Alguns anos antes de 1844, muitos reformadores educacionais foram influenciados a estabelecer escolas longe das cidades e em fazendas.

Os metodistas, já em 1735, sob a direção dos irmãos Wesley e Whitefield, tentaram concretizar o plano de Deus sobre educação na Geórgia. Eles fundaram uma escola a 16 quilômetros de Savannah. Um historiador declarou: "O Sr. Habbersham havia localizado uma concessão de cerca de 202 hectares". Wesley afirmou que esta escola deveria ser "um lugar e berço de aprendizagem saudável e educação religiosa".

A Universidade da Virgínia numa fazenda: — Quando Thomas Jefferson estava fazendo planos para a Universidade da Virgínia, num relatório preparado para o

> "presidente da Câmara dos Deputados, é dito que eles compraram, 'a uma distância de 1.600 metros de Charlottesville... oitenta hectares de terra, e que era um local adequado para o colégio, alto, seco, aberto, provido de água de boa qualidade, e sem qualquer coisa em seus arredores que pudesse ameaçar a saúde dos alunos'" (*Thomas Jefferson and the University of Virginia*, p. 69).

Oberlin numa fazenda: — O Sr. Shipherd, fundador do Colégio Oberlin, escreveu assim sobre seus primeiros planos:

> "Devemos estabelecer escolas de primeira ordem, a partir da escola infantil até ao nível secundário, que deverá fornecer uma educação completa em inglês e idiomas úteis; e se a Providência nos favorecer, finalmente ministrar instruções em teologia — quero dizer, teologia prática. Devemos ligar as oficinas e a fazenda com a instituição" (*Oberlin: the colony and the college*, p. 18).

Um pedaço de terra foi comprado nas florestas virgens de Ohio e, delas, quase 260 hectares foram destinados para fins escolares. O solo era argiloso e úmido, e a terra "fora considerada por muitos anos como indesejável para a ocupação". Por essa mesma razão, a aquisição foi severamente criticada. Ela se concretizou porque a fé dos fundadores os capacitou a ver algumas coisas que mesmo os especialistas do assunto passaram por alto. Que os adventistas do sétimo dia leiam a experiência similar que tiveram os fundadores da escola de Avondale, em Cooranbong, Austrália. Os fundadores de Oberlin

> "foram guiados por uma sabedoria mais que humana, uma vez que a localização, quase hostil em seus aspectos físicos, e por anos de difícil acesso, foi uma condição indispensável para a formação do caráter e o desempenho da obra para a qual Oberlin foi claramente chamado" (*The Story of Oberlin*, p. 82).

O Richmond College (Virgínia) foi fundado pelos batistas em 1832. "[Eles]compraram a Spring Farm, um pequeno pedaço de terra a cerca de 6,5 km a noroeste da cidade, e lá, em quatro de julho, abriram uma escola de trabalhos manuais chamada de Seminário Batista da Virgínia" (*Thomas Jefferson and the University of Virginia*, p. 271).

O Emory and Henry College, uma instituição metodista, foi criada na Virgínia em 1835. Ela devia ser,

> "como foi chamada, uma escola de trabalhos manuais, uma instituição de ensino em que os alunos seriam treinados para trabalhar, bem como para pensar. Essa ênfase em trabalhos manuais foi muito importante para o empreendimento, ao ser ele primeiramente apresentado ao público... Uma fazenda contendo cerca de 243 hectares de terra altamente produtiva foi adquirida e paga com os primeiros recursos arrecadados. Primeiramente, pretendia-se que essa fazenda fosse cultivada mediante o trabalho dos estudantes, o qual os ajudaria no pagamento dos estipêndios escolares" (*Ibid.*, p. 253-254).

Seria interessante estudar com maiores detalhes essa reforma, pois muitas outras escolas seguiram essa luz e adquiriram locais longe das cidades. Quando a instrução manual for estudada, essa fase da reforma educacional será considerada novamente.

Simplicidade nos Edifícios

A reforma na educação inclui os edifícios que abrigam uma instituição educacional. O espírito de centralização é uma característica imperativa do papado e, associado ao sistema de ensino papal da Europa medieval, normalmente se encontra uma arquitetura um tanto característica — trata-se de edifícios próprios das ordens monásticas: mosteiros sombrios e escuros, com os quais estão associados rosários, longas orações, Bíblias acorrentadas, capuzes, hábitos, barretes de formatura, vigílias noturnas, longos exames, conferição de títulos, rolos de pergaminho; trabalho de memória em lugar da razão; vista e não fé; pensamento em vez de ação. Boone diz:

> "A educação monástica procura, através do completo silêncio, colocar a alma em estado de imobilidade, a qual, mediante a escassez de todo tipo de intercâmbio de pensamento, finalmente se afunda em total apatia e antipatia para com toda a cultura intelectual" (*The Philosophy of Education*, p. 256).

Pense na tentativa de ministrar esse tipo de educação num campo livre e aberto ou em edifícios com janelas abertas através das quais flua a brilhante luz solar, rodeados de pássaros cantando, equipes de trabalho, vacas leiteiras, de relva alta e ao som do martelo e da serra. Tais ambientes matam esse sistema educacional assim como a luz mata os germes.

> "Os erros cometidos no passado relacionados com a construção de edifícios deveriam ser advertências proveitosas para nós no futuro... Nossos planos referentes à construção e mobília de nossas instituições devem subordinar-se a um conhecimento verdadeiro e prático sobre o que significa andar humildemente com Deus. Nunca deveria ser considerado necessário dar aparência de riqueza... Não é o edifício grande e dispendioso, não é o mobiliário de luxo... que comunicarão à nossa obra influência e êxito" (*Testemunhos para a Igreja*, Vol. 7, p. 92, 93).

Thomas Jefferson, em seu plano de dar uma educação democrática, descartou o sistema medieval de alojamento das escolas papais.

> "Em vez de construir um único e enorme edifício que poderia ter esgotado seus recursos e deixado pouco ou nada para outras despesas essenciais, eles acharam melhor erguer um prédio pequeno e separado para cada professor, com um recinto para suas palestras, e outros para suas próprias acomodações, conectando essas casas por uma série de dormitórios em condições, cada um, de abrigar apenas

> dois estudantes — uma provisão igualmente acolhedora para o estudo, bem como para a moral e a ordem" (*Thomas Jefferson and the University of Virginia*, p. 69).

Das casas dos alunos é dito: "Elas consistiam em dormitórios de um andar com efeitos agradáveis". Esses edifícios tinham sua "área para jardim".

Tal sistema de alojamento requeria autocontrole. Colocava professores e alunos no mesmo nível; incentivava a simplicidade de vida; era econômico e apelava fortemente para aqueles que eram limitados na quantidade de dinheiro que poderiam gastar em edifícios escolares e equipamentos. Mas ainda outras razões são dadas para esse plano de pequenas unidades habitacionais. Jefferson disse:

> "O plano oferecia a vantagem adicional de maior segurança contra incêndio e infecções, e permitia o aumento dos edifícios em ritmo coerente com os recursos disponíveis, e de agregar a eles outras construções indefinidamente no futuro. ... Em vez de um imenso edifício, [sou a favor] de ter um pequeno prédio para cada professorado, mantendo-se a devida distância entre um e outro, e todos dispostos em torno de um quadrado que admita expansão e ligados por uma varanda, de modo que possam se locomover de uma escola para outra sem se molhar. Este plano, ao estilo de uma vila, é preferível do que um grande edifício único por diversas razões, principalmente por conta de incêndios, saúde, economia, paz e tranquilidade. Esse plano tinha sido aprovado no caso do Albemarle College" (*Ibid.*, p. 69, 73).
>
> "Cabell também ficou completamente convencido da sensatez da política de construção da universidade. Até mesmo os inimigos da instituição reconheceram que os planos de Jefferson eram sábios". [Um visitante influente] "foi conquistado pela universidade numa mera visita de inspeção, que o impressionou com a extensão e esplendor do estabelecimento. ... Não havia absolutamente nada na vizinhança de Charlottesville para atrair nem professores nem alunos. Jefferson foi compelido, pela necessidade da situação, a criar algo visível e impressionante que atraísse admiração" (*Ibid.*, p. 100).
>
> Antes da inauguração da universidade, Jefferson escreveu sobre dez casas distintas para os professores, "cada uma com jardim", e "cento e nove dormitórios, cada um suficiente para dois estudantes" (*Ibid.*, p. 101).

Jefferson viu o efeito da arquitetura sobre a mente suscetível dos estudantes, e disse:

> "Minha parcialidade por essa divisão não está baseada em pontos de vista educacionais unicamente, mas infinitamente mais como meio para uma melhor administração do nosso governo, e para a eterna preservação dos princípios republicanos" (*Ibid.*, p. 73).

Os fundadores de Oberlin se alinharam com a verdade no que diz respeito a edifícios simples.

> "Para aumentar nossos meios de serviço... cuidaremos da simplicidade e durabilidade na construção de nossas casas, mobiliário, carruagens e de tudo quanto nos pertença" (*The Story of Oberlin*, p. 86).
>
> "Há um estilo asseado, simples e modesto de construção que se recomenda por si mesmo ao bom senso esclarecido de cada pessoa; certamente não será altamente estimado pelo mundo, tampouco é uma abominação diante do Senhor" (*Oberlin: The Colony and the College*, p. 359).

O plano de pequenas unidades habitacionais para hospedagem dos estudantes também foi seguido por outras escolas. Temos o seguinte relato a respeito da Universidade de Oglethorpe, uma das principais instituições presbiterianas no início da história da Geórgia:

> "Havia uma fileira de dormitórios de um andar para a moradia de estudantes... Eles eram separados entre si por uma distância de 3,65 m, e cada um dividido em dois quartos de aproximadamente 5,5 m^2 cada" (Charles E. Jones, *Education in Georgia*, p. 83).

Isso aconteceu em 1837, quando os presbiterianos estavam lutando com a questão da "verdadeira ciência da educação" e decidindo a questão se iriam auxiliar na proclamação da última mensagem ao mundo. O objetivo da escola cristã é formar jovens para "suportar as dificuldades como bons soldados de Jesus Cristo". Os governos seculares, ao treinar seus soldados, evitavam as comodidades e luxos cuja tendência é tornar os soldados indispostos a suportar as dificuldades do campo de batalha. Eles não estão aquartelados em modernos hotéis. Mas muitas vezes os prédios de uma escola são construídos e equipados para comodidade dos que ensinam, hospedam e alimentam os alunos, em vez de voltados à formação necessária para capacitar esses jovens a se tornar soldados para suportar as durezas. De modo geral, o uniforme, as boas maneiras, e a polidez das botas do jovem soldado recebem mais atenção do que a simulação de combate por parte de muitos oficiais que tiveram mais experiência em desfiles de moda do que no combate de trincheiras. Precisamos perguntar por que um grande percentual de alunos, após longo treinamento, prefere assumir um emprego numa instituição com comodidades modernas, onde a boa comida, as roupas e um salário lhes são garantidos, ao invés de serem pioneiros em um empreendimento que exigirá que eles se mantenham grandemente mediante seus próprios recursos? Até que ponto as grandes e bem equipadas instituições são responsáveis por isso? Nestes últimos dias, as escolas que ensinam os alunos a se contentar com comida e vestuário simples, incentivam o espírito de sacrifício e lhes propiciam a capacidade de dizer: "De agora em diante, a terra que será minha pátria é a que mais precisa da minha ajuda", são essas que serão as mais procuradas pelos estudantes que esperam triunfar no alto clamor.

Foi sobre esse princípio que Thomas Jefferson construiu edifícios escolares simples em que se pudesse preparar uma classe de promotores dos princípios da democracia nos Estados Unidos — e praticamente cada governo do mundo tem sido influenciado por esses princípios.

Os professores em geral, quando pensam numa escola de treinamento, têm em mente grandes edifícios equipados com modernas instalações e conveniências, requerendo vultoso desembolso de meios. Vocês, estudantes, não têm diante de si tais construções. A escola de vocês raramente seria reconhecida como uma instituição educacional por qualquer um que tenha uma concepção comum de uma escola de treinamento. A capela, as pequenas salas de conferências, o restaurante, as oficinas, as pequenas unidades habitacionais e outros edifícios agrupados em torno da fazenda constituem as instalações da escola. Nossas instalações são, via de regra, mais simples do que as que muitos de vocês têm em seus próprios lares. Qual é o resultado? Um grande número de estudantes desta instituição captou a visão e reconheceu a possibilidade de construir uma escola com recursos limitados. Como resultado, cerca de 30 pequenos centros estão provendo educação a centenas de crianças fora das instituições oficiais da igreja. Se esses mesmos estudantes tivessem recebido seu treinamento numa escola bem equipada e dispendiosa, não há dúvida de que o número de escolas seria consideravelmente menor.

Mais uma vez, a pessoa comum, quando pensa em um sanatório, tem em sua mente uma de nossas grandes instituições com todas as conveniências modernas. Vocês têm presenciado diante de vocês um pequeno centro de saúde formado por três unidades pequenas, com um andar cada, feitas com estrutura de madeira, ligadas por varandas cobertas e equipadas com tanta simplicidade que poderiam servir de modelo de construção em quase qualquer missão. Vocês têm visto como este sanatório está cheio de pacientes, e com uma lista de pessoas aguardando uma vaga. A concepção de muitos passou por uma revolução graças a esse pequeno sanatório, e várias casas de saúde estão vindo à existência para serem dirigidas de modo semelhante.

Esses dois exemplos são citados para mostrar que a influência dos edifícios que os circundam e dos equipamentos sobre a mente dos estudantes é incalculável. A luz foi dada aos protestantes antes de 1844 para orientá-los na construção de edifícios, equipamentos e mobiliários, na dieta, no vestuário e no ambiente, para que, de maneira simples, um grande exército pudesse ser capaz de cobrir a Terra com essa poderosa mensagem — o clamor da meia-noite.

Treinamento Manual e Prático na Educação

Os tempos exigem uma educação capaz de produzir homens e mulheres habilitados a fazer coisas. O sistema papal divorcia o aprendizado da ação e desqualifica homens e mulheres para dar a última advertência ao mundo. Deus moveu cada denominação, antes de 1844, para colocar a educação cristã prática ao alcance dos jovens.

> "Se o sistema de educação em gerações passadas tivesse sido conduzido segundo um plano inteiramente diferente, a juventude desta geração não seria agora tão depravada e inútil... Deveria ter havido, em gerações anteriores, provisões feitas quanto à educação em maior escala. Em conexão com as escolas, deveria ter havido estabelecimentos agrícolas e industriais. Deveria ter havido também professores de trabalhos domésticos... Se houvessem sido estabelecidas escolas segundo o plano que mencionamos, não haveria agora tantas mentes desequilibradas. Tenho sido levada a perguntar: Deve tudo o que é valioso em nossa juventude ser sacrificado a fim de poderem obter uma formação nas escolas? Se tivesse havido estabelecimentos agrícolas e industriais ligados às nossas escolas e professores competentes tivessem sido contratados para educar a juventude nos diferentes ramos de estudo e trabalho, dedicando uma parte de cada dia ao aprimoramento mental e outra ao trabalho físico, haveria agora uma classe mais nobre de jovens no campo da ação, exercendo influência modeladora sobre a sociedade. Muitos dos jovens que

> se formassem em tais instituições sairiam delas com estabilidade de caráter. Eles teriam perseverança, força e coragem para superar obstáculos, e princípios dos quais não se desviariam por causa de influências erradas, embora populares. Deveria ter havido mestres experientes para dar aulas às jovens no setor culinário. As meninas deveriam ter sido instruídas a fabricar artigos de vestuário, cortar, confeccionar, consertar roupas e, assim, educar-se para os deveres práticos da vida" (*Christian Education*, p. 11, 18, 19).

Jefferson, como seria de esperar, teve um vislumbre dessa importante fase da educação, e fez tentativas de colocá-la em funcionamento na Universidade da Virgínia.

> "Ele propôs o que chamou de uma 'Escola de Filosofia Técnica'... Para tal escola virão marinheiros, carpinteiros, armadores navais, fabricantes de bombas hidráulicas, relojoeiros, mecânicos, oftalmologistas, construtores, cuteleiros... fabricantes de sabão, curtidores, produtores de sal e vidraceiros, para aprender o máximo necessário para desenvolver sua arte com conhecimento... Nessa escola de tecnologia, Jefferson se propôs a agrupar os estudantes em salas de aula preparadas para a instrução prática e elementar, mediante palestras noturnas, de modo a assegurar-lhes a oportunidade de trabalho durante o dia" (*Thomas Jefferson and the University of Virginia*, p. 84).

Há uma citação de Jefferson que diz: "Nenhuma nação sobreviverá por muito tempo ao declínio de sua agricultura" (Samuel H. Comings, *Pagan vs. Christian Civilizations*, p. 43).

A "Sociedade para a Promoção de Trabalho Manual em Instituições Literárias" foi formada em Nova York em 1831, "com cerca de vinte nomes eminentes entre seus oficiais".

> "Um tremendo impulso foi dado ao movimento com a publicação, em 1833, do famoso panfleto de Theodore D. Welds sobre trabalho manual com o patrocínio da [sociedade]. Ele continha o testemunho de centenas de homens famosos, todos convictos de que essa panaceia, sem dúvida, fosse poderosa para curar. ... Seu relatório, ... quando publicado, produziu uma das grandes sensações da época" (*The Story of Oberlin*, p. 230, 130).

O Trabalho Manual em Oberlin: — Oberlin estava entre as escolas desse período que se colocaram nas mãos de Deus para serem usadas na ministração de uma educação prática para centenas e milhares de jovens que, mais tarde, seriam chamados a fazer um vigoroso serviço para o Mestre. O historiador de Oberlin afirma que perto da época do início das atividades dessa escola, havia "um amplo avivamento intelectual, incluindo reformas radicais nos métodos de ensino". O Sr. Shipherd, um dos fundadores de Oberlin, desejava pôr-se em harmonia com o plano divino de educação e disse:

> "Centenas de jovens promissores serão, sem dúvida, educados ou não para o serviço de Deus. Isso vai depender se lhes fornecemos ou não os meios de educação integral por meio de sua própria dedicação e economia" (*Oberlin: The Colony and the College*, p. 321).

No primeiro relatório anual de Oberlin, publicado em 1834, lemos: "O departamento de trabalho manual é considerado indispensável para uma educação integral" (*The Story of Oberlin*, p. 224). O historiador declara:

> "O trabalho honesto seria honrado, os mais ricos e os mais pobres se encontrariam diariamente em um mesmo nível; a saúde de todos seria garantida e um estímulo fascinante seria comunicado tanto à mente quanto à moralidade; mas o melhor de tudo e o mais garantido: todos, de qualquer sexo, que desejassem obter uma educação, teriam condições de facilmente pagar seu estipêndio com o trabalho das próprias mãos" (*Idem*).

O departamento industrial de Oberlin, continua o historiador,

> "está equipado com um motor a vapor que movimenta uma serraria, um moinho, uma serra para a produção de ripas e telhas de madeira e um torno mecânico; e a esse motor serão acrescentadas outras máquinas. Uma oficina já está construída e provida de ferramentas, e outras serão acrescidas" (*Idem*).
>
> "O trabalho manual era um dos elementos mais indispensáveis da filosofia de Oberlin. Nada fez mais pelo estabelecimento e expansão de Oberlin. Por cerca de meia geração, multidões de estudantes foram trazidas de todos os lugares do país, que, de outra forma, nunca teriam ingressado em suas salas; e acima de tudo e com toda a probabilidade, nunca teriam obtido uma formação" (*Ibid.*, p. 100, 101).

Um dos fundadores de Oberlin, em 1833, escreveu que

> "um departamento feminino seria estabelecido com base no plano de trabalho manual, incluindo administração doméstica, manufatura de lã, cultura de seda, aspectos apropriados de jardinagem, em particular a preparação de sementes para venda, confecção de roupas, etc" (*Ibid.*, p. 225, 226).

Na verdade, o objetivo de Oberlin, conforme publicado em seu primeiro catálogo [1834], foi assim definido:

> "'oferecer a mais útil educação com menos dispêndio de saúde, tempo e dinheiro; estender o benefício de tal educação para ambos os sexos e a todas as classes da comunidade. ... Também a qualificação completa de professores cristãos, tanto para o púlpito como para as escolas;'... 'a difusão de ciência útil, de uma moral sadia e da religião pura entre a crescente multidão do Vale do Mississippi, e aos milhões de necessitados espalhados pelo mundo', através de ministros e 'piedosos professores'" (*Ibid.*, p. 161).

O trabalho manual enfrentou intensa oposição, mas, em 1833, o Sr. Shipherd escreveu com alegria:

> "Os alunos estudam e trabalham bem. Cinco minutos após os sinos do trabalho manual soarem, os martelos e serras dos alunos de mecânica despertam ao nosso redor" (*Ibid.*, p. 224).

Depois de nomear as vantagens do treinamento manual, ele acrescenta:

> "Em resumo, ele atende às necessidades do homem como ser total, e evita o desperdício comum e surpreendente de dinheiro, tempo, saúde e vida" (*Idem*).

Diversas instituições de trabalho manual: —

> "Em tudo isso Oberlin não foi nem um pouco original, mas apenas copiou com ligeiras modificações o que já era encontrado em numerosas instituições em todos os Estados do leste, do meio-oeste e oeste. Em 1830, dez escolas poderiam ser citadas como tendo anexos de trabalho manual; e na década seguinte, várias outras dezenas foram acrescentadas. Maine Wesleyan era famosa em seus dias e uma das primeiras, embora Bowdoin, Waterville e o Seminário Bangor também possuíssem essas vantagens. Em Dexter, no Maine, se exigia não só dos alunos, mas também dos professores, que trabalhassem pelo menos quatro horas por dia. Massachusetts tinha, pelo menos, meia dúzia... Nova York foi favorecida com várias, com destaque para o Instituto Oneida; e o Rochester Institute of Practical Education, no qual os estudantes com habilidades mecânicas comuns, enquanto aprendem uma profissão, podem quase custear integralmente seus estudos; e calcula-se que, quando certas instalações planejadas forem providenciadas, eles poderão pagar todas as suas despesas. A Pensilvânia também estava bem suprida. No Lafayette College, em Easton, o presidente Jenkins e os alunos ergueram um edifício de dois andares... No oeste, onde as pessoas eram mais pobres e a terra mais barata, o trabalho manual era mais popular. Hudson (Ohio) tinha oficinas e uma fazenda; no Marietta e Lane Seminary ocorreu o mesmo, bem como com muitos outros.

> O Michigan também adotou o modelo enquanto ainda era um território; e Indiana, Illinois, Kentucky e Tennessee não se encontravam no mínimo que fosse em posição inferior quanto a proporcionar meios para o desenvolvimento muscular da classe estudantil" (*Ibid.*, p. 229-230).
>
> "As sociedades educacionais de todas as principais denominações eram ativas participantes, fossem batistas, congregacionais, episcopais, metodistas ou presbiterianas, e a maioria dos principais educadores estava cheia de entusiasmo e zelo... O secretário episcopal pôde exclamar: 'Nós quase invejamos nossos sucessores neste empreendimento acadêmico, quando algo do vigor dos fundadores for encontrado nos trabalhadores intelectuais da atualidade, e a coloração amarelada da dispepsia deixar de ser o testemunho uniforme de uma vida de estudo".' (*Ibid.*, p. 230).

O Dr. Lindsley, fundador da Universidade de Nashville, agora Peabody Institute, foi um defensor do trabalho manual.

> "[Ele] teria anexado às escolas de todos os graus fazendas e oficinas. Essas fazendas e oficinas serviriam a um propósito triplo. Elas forneceriam o exercício necessário, seriam úteis no ensino de profissões e dariam a alunos pobres a oportunidade de ganhar a vida" (*Higher Education in Tennessee*, p. 30).

O Emory and Henry College, em 1835, era

> "uma faculdade de trabalho manual, um instituto de aprendizagem, em que os alunos eram treinados tanto para trabalhar como para pensar... Essa característica de trabalho manual era muito proeminente no empreendimento educacional, e esse aspecto recebeu destaque nesses movimentos iniciais, pois a instituição foi erigida por pessoas engajadas quase que totalmente com a agricultura e com as artes mecânicas, muitas das quais tinham um preconceito contra uma raça culta e preguiçosa" (*Thomas Jefferson and the University of Virginia*, p. 253).

Treinamento manual nas escolas batistas: —

> "Em 1830, alguns homens dedicados se reuniram na Segunda Igreja Batista às cinco horas da manhã para pensar e propor um plano com vistas à melhoria dos jovens que, segundo o julgamento das igrejas, foram chamados para a obra do ministério... Eles organizaram a Sociedade Educacional Batista da Virgínia, e, durante dois anos, auxiliaram jovens escolhidos colocando-os em escolas particulares. ... Em 1832, a sociedade comprou a Spring Farm... abrindo uma escola de trabalho manual que levou o nome de Seminário Batista

> da Virgínia... O número de alunos chegou a vinte e seis — cerca de dois terços deles se preparando para o ministério. ... A essa compra de 36.000 m², mais 24.000 m² foram adicionados em 1836. ... O propósito de se adquirir mais terra foi aumentar o espaço para o trabalho manual da escola. As autoridades insistiram tenazmente a esse respeito para dar aos necessitados oportunidades de autossustento, e oportunidades de exercício a todos. Mas a medida se mostrou impopular entre os alunos... E, finalmente, como lemos no relatório de 1841, esse aspecto... foi praticamente abandonado" (*Ibid.*, p. 271).

Os Batistas da Geórgia fundaram em 1833 a Mercer University, uma escola

> "que uniria trabalho agrícola ao estudo e estaria aberta somente para os que desejassem preparar-se para o ministério. A ideia de fundar uma escola de trabalhos manuais onde teoria e prática pudessem ser ensinadas, um plano muito aceito pelos batistas da Geórgia, parece ter-se originado com o Dr. Sherwood, que foi o pioneiro a demonstrar sua praticabilidade numa escola de ensino secundário estabelecida por ele nas proximidades de Eatonton, no condado de Putnam" (*Education in Georgia*, p. 61).

Poderíamos multiplicar dados históricos a respeito de escolas com treinamento manual durante essa notável reforma educacional anterior a 1844. Os exemplos dados são típicos das experiências de mais de sessenta escolas de treinamento manual nesse período. Para os reformadores educacionais adventistas do sétimo dia, essas experiências são emocionantes. Quais teriam sido os resultados se os homens responsáveis por essas reformas iniciais não tivessem cedido às pressões exercidas sobre eles pelos irmãos dirigentes de suas respectivas denominações? Essa oposição foi difícil de enfrentar, mas o fracasso da causa foi realmente devido à falta de coragem e devoção a esses princípios, pois onde há coragem e amor intenso pela obra de Deus, a oposição só fortalece os reformadores. Os adventistas sabem que os anjos estavam ocupados em todos os lugares incentivando essas reformas. É um fato marcante que essas escolas tenham abandonado sua reforma quanto ao treinamento manual, justamente no tempo em que o clamor da meia-noite devia acontecer. Se tivessem permanecido fiéis, a história teria sido diferente. A história da obra educacional dos adventistas do sétimo dia também teria sido diferente.

Por exemplo, se Oberlin houvesse permanecido fiel à sua ideia de treinamento manual, seus obreiros missionários, ao serem enviados, como de fato o foram, para trabalhar junto aos moradores das regiões montanhosas do Sul, e aos ex-escravos do Sul, teriam mudado todo o aspecto geral da história sulista. Eles teriam colocado os Estados do Sul quarenta anos à frente em relação ao que é agora. O trabalho de Booker T. Washington pelos negros teria sido estabelecido um quarto de século antes de seu tempo. Mas,

> "visto que os homens não conseguiam compreender o propósito de Deus nos planos a nós apresentados para a educação dos obreiros, alguns métodos foram adotados, em algumas de nossas escolas, os quais têm causado atraso, em vez de avanço, na obra de Deus. Anos se passaram para a eternidade, com pequenos resultados, que poderiam ter presenciado a realização de uma grande obra" ("The Madison School," p. 29).

Vantagens do Trabalho Manual: —

> "Os alunos eram divididos em pequenos grupos, cada um com oito ou dez pessoas, e cada grupo era posto sob a supervisão de um dos alunos mais velhos... Isso quebrou a monotonia da vida estudantil comum; promoveu a saúde e a leveza de espírito; nas horas de trabalho no campo e na floresta, os alunos recebiam não só alívio dos estudos, mas tal variedade de ocorrências que os estudantes daqueles dias encontraram mais meios de genuíno prazer do que outros desde então... Todos os estudantes, exceto os externos, se alimentavam num salão comum, e, por meio da prática da economia e com a ajuda da fazenda, conseguiam um excedente variável a cada ano, o qual era aplicado na realização de melhorias" (*Thomas Jefferson and the University of Virginia*, p. 253-255).

O trabalho manual, como componente do currículo nas escolas de formação de ministros e missionários, faz parte da "ciência da verdadeira educação" que Deus tornou conhecida a alguns homens e mulheres antes de 1844. Esse foi um dos meios divinos para treinar missionários práticos para os campos missionários do mundo. A despeito do fato de que praticamente cada igreja protestante teve alguma experiência em dirigir escolas de treinamento manual, essas denominações, como um todo, se opuseram à ideia, e sua persistente resistência finalmente forçou as escolas que haviam sido líderes nessas reformas a fechar seus departamentos de trabalho manual. O encerramento das atividades dos departamentos de trabalhos manuais indica um retorno ao sistema educacional da Europa medieval. Eles começaram a formar mundanos em vez de cristãos. Aqui reside um dos maiores erros cometidos pelas denominações protestantes antes de 1844. Essa é uma das razões por que elas não estavam preparadas para o clamor da meia-noite e a mensagem do primeiro anjo. O trabalho manual, em ligação com a educação, ficou conhecido nessas escolas de formação manual como "poderosa panaceia de cura". A escola de treinamento para obreiros cristãos que perdeu essa "panaceia" tornou-se espiritualmente doente e deixou de defender as reformas educacionais cristãs. Esse movimento de reforma educacional é chamado de "impulso missionário" que, através do trabalho manual, "possibilitou que rapazes e moças mais pobres garantissem sua educação e, assim, ampliassem sua aptidão para exercer os deveres da vida".

Os frutos de Oberlin: — Deus recompensou ricamente essa escola por sua adesão à verdade e pelo fruto de seus trabalhos, apesar do fato de ela finalmente ser obrigada a ceder. De Oberlin é dito:

> "Embora o próprio nome fosse tão temido e odiado, mesmo assim havia amigos suficientes para desejar e requerer mais professores do que o necessário. A qualidade do seu trabalho era vista como tão excelente que se considerava atitude sábia engolir muito preconceito a fim de garantir o benefício de sua instrução... Em um ano... nada menos que 530 professores saíram para sua missão... Quem pode medir o benefício prestado por esses enormes grupos de homens e mulheres de coração ardente que, por mais de uma geração, gastaram sua energia com dezenas de milhares de crianças e jovens... Oberlin é a fecunda mãe de muitas faculdades: Olivet College, Tabor College, Benzonia College, Berea College, First University, Talladega College, Atlanta University, Straight University, Emerson Institute, Howard University. Outras escolas e empreendimentos absorveram por muitos anos a atividade missionária de homens e mulheres de Oberlin" (*The Story of Oberlin*, p. 320-321).

Seus alunos penetraram "campos estrangeiros como a Turquia na Europa e na Ásia, Índia, Sião, América do Sul, Haiti e Burma" (*Oberlin: The Colony and the College*, p. 341).

Os estudantes podem prontamente entender, a partir desse breve esboço, quão extensa poderia ter sido a influência de Oberlin se ela tivesse permanecido fiel à sua reforma. As palavras dirigidas aos reformadores educacionais adventistas do sétimo dia se aplicam com igual força aos fundadores de Oberlin.

> "Os reformadores têm sido entravados e alguns deixaram de insistir em reformas. Parecem impotentes para resistir à corrente de dúvidas e críticas" (*Testemunhos para a Igreja*, Vol. 6, p. 142).

Oposição: — Os alunos ficarão interessados em algumas declarações que mostram o declínio dessas instituições, sob uma deteriorada atmosfera de suspeita, crítica e oposição dos líderes. A escola Oberlin resistiu à oposição por mais tempo e com maior sucesso que a maioria das outras escolas. O trecho a seguir fornece ao leitor um quadro da dúvida e crítica lançadas contra as reformas de Oberlin pelos líderes das igrejas presbiterianas e congregacionais.

> "O trabalho manual, por exemplo, tinha muitos amigos e admiradores, mas um grande número olhava com desconfiança para a ideia. O aluno não precisava e nem estava em condição de tirar quatro horas por dia para trabalhar na fazenda ou na oficina. Não havia tampouco a possibilidade de que o resultado financeiro fosse de algum valor considerável, quer para o aluno ou para a instituição à qual pertencia. [Assim argumentavam os críticos]. Deste modo, pessoas na Nova Inglaterra e e em outros lugares começaram a demonstrar atitudes negativas" (*The Story of Oberlin*, p. 243-247).

E mais:

> "Tenho algumas dúvidas sobre um projeto recentemente iniciado nessa região, cujas necessidades têm grandemente chamado nossa atenção como empreendimento de benevolência. Refiro-me a Oberlin, para a qual vultosos fundos já foram recebidos e ainda são coletados. Que necessidade há de outra universidade ou faculdade nos bosques de Ohio, cercada por outras instituições à pequena distância, ainda lutando por sua existência? ... Dizem que alí há trabalho manual, mas Hudson também tem. ... Por que os estudantes deveriam ser incomodados com apelos constantes para deixar a instituição onde estão para se dirigirem a Oberlin?" (*Ibid.*, p. 247).

Cedendo à oposição: —

> "Após o início da década de 1840, ouvimos pouco sobre trabalho manual. Com o aumento geral da riqueza, houve menor necessidade das pequenas contribuições financeiras que ele pudesse fornecer. A consciência dos sinceros tornou-se menos cuidadosa na busca de exercício físico fora do trabalho útil, e o ginásio moderno, juntamente com o atletismo, logo passou a suprir toda as necessidades quanto ao bem-estar físico do mundo" (*Ibid.*, p. 231).

Atente para o ano em que esse declínio ocorreu. A Universidade Mercer, acima referida, teve essa experiência:

> "Em 1844, o sistema de trabalho manual que estava sendo testado desde a fundação do Instituto, em 1833, foi abandonado, tendo-se provado ineficaz. Várias outras tentativas haviam sido feitas durante a mesma década para a criação de escolas com trabalho manual em diferentes lugares que, com uma exceção, também tinham falhado" (*Education in Georgia*, p. 65).

Será que os adventistas do sétimo dia compreendem o significado dessa data? Deus não pode tolerar para sempre a incredulidade, os esforços indiferentes, e a fria e medíocre insensibilidade com os princípios divinos.

> "Se todos os que trabalharam unidos na obra em 1844 tivessem recebido a mensagem do terceiro anjo, proclamando-a no poder do Espírito Santo, o Senhor teria poderosamente operado por seus esforços. Caudais de luz ter-se-iam derramado sobre o mundo. Haveria anos que os habitantes da Terra teriam sido avisados, a obra final estaria consumada, e Cristo teria vindo para a redenção de Seu povo. Não foi a vontade de Deus que os filhos de Israel vagueassem durante quarenta anos no deserto: desejava Ele levá-los diretamente à terra de Canaã... Semelhantemente, não era a vontade de Deus que a vinda de Cristo fosse tão demorada" (*O Grande Conflito*, p. 458).

Trabalho Manual Substituído por Atletismo, Esportes e Jogos

Nenhuma escola pode, com sucesso, manter o programa de trabalho manual em seu currículo em pé de igualdade com outros estudos, a menos que o propósito de Deus para essa formação prática seja reconhecido por professores e alunos. E quando o objetivo for aceito, o amor, o interesse e o entusiasmo, gerados por uma educação voltada para a realização de coisas úteis, trarão mais satisfação e maior prazer para o aluno do que esses substitutos do trabalho manual, como esportes e jogos, que jamais produzirão os mesmos resultados.

> "O exercício físico foi designado pelo Deus da sabedoria. A cada dia algumas horas devem ser dedicadas a proveitosa educação em ramos de trabalho que ajudem os estudantes a aprender os deveres da vida prática, essenciais a todos os nossos jovens. Mas isto foi eliminado, e introduziram-se diversões que simplesmente proporcionam exercício, sem constituírem uma bênção especial na prática de ações

> boas e retas — o aspecto essencial na educação e formação... O tempo empregado em exercício físico, o qual, passo a passo, conduz ao excesso e à intensidade nos jogos e no exercício das faculdades, deveria ser usado segundo as normas de Cristo, com o que se obteria a bênção de Deus. ... O estudo diligente é essencial. ... Está crescendo entre os alunos a influência de sua dedicação a diversões, até converter-se num poder fascinante e sedutor que neutraliza a influência da verdade sobre a mente e o caráter humano... Que dispêndio de energias é envidado nas partidas de futebol de vocês e em outras invenções que lhes vêm à mente à moda dos gentios — exercícios que não beneficiam a pessoa alguma! ... Não consigo encontrar nenhum caso na vida de Cristo que demonstre haver Ele dedicado tempo a jogos ou diversões" (Ellen G. White, *Special Testimonies on Education*, p. 190, 191).

É fácil identificar o sistema educacional em vigência em qualquer escola de formação. Os alunos que gostam mais de jogos e esportes, do que de trabalho útil, certamente escolhem um sistema de educação que lhes trará pouca ajuda na preparação para ingressarem nos lugares difíceis do mundo, ou no preparo para a chuva serôdia.

Já notamos que a oposição ao trabalho útil em Oberlin trouxe esta mudança: "O moderno ginásio e o atletismo logo começaram a fazer toda provisão suficiente para o bem-estar do corpo estudantil". Aos poucos, "Oberlin introduziu o beisebol moderno, o futebol e o atletismo em geral" (*The Story of Oberlin*, p. 231, 407), mas "o ginásio cresceu lentamente em Oberlin, porque parecia ser incompatível com a ideia do trabalho manual" (*Oberlin: The Colony and the College*, p. 262). Tudo isso está em harmonia com a declaração referente aos ginásios: "Eles foram introduzidos para atender à necessidade de educação física útil, e têm se tornado populares nas instituições educacionais" (*Christian Education*, p. 211).

Antes do fim, todas as escolas de treinamento que estão tirando "do pescoço de seus alunos os jugos mundanos", conduzindo-os "na linha da verdadeira educação", para que possam "levar a mensagem da verdade presente em toda a sua plenitude a outros países" ["The Madison School", p. 30], verão que todos esses substitutos como futebol, beisebol, etc., são trocados por artes e ofícios úteis e genuínos.

Democracia Cristã e Autonomia dos Estudantes

Individualidade, originalidade e independência de pensamento e ação por parte dos estudantes são, enfim, destruídas pelo sistema papal de educação e outros sistemas dele derivados. Os promotores desse sistema têm a intenção de destruir esses elementos vitais de caráter, a fim de tornar o indivíduo um servo subserviente, cego e obediente aos mandatos de homens. O papado só pode prosperar se destruir essas faculdades humanas que nos assemelham a Deus. Individualidade, originalidade e independência de pensamento e ação são desenvolvidas pela educação cristã. Esse sistema pretende desenvolver mentes capazes de ser guiadas pelo Espírito Santo, embora esse caminho possa ser, às vezes, diametralmente oposto às leis humanas. Eles aprendem a receber ordens do Capitão do exército do Senhor, cuja mão está entre as engrenagens dos assuntos dos homens para impedir a confusão, anarquia e desobediência a qualquer organização que esteja baseada em princípios corretos.

Deus estava preparando um povo que pudesse ser guiado completamente pelo Seu Espírito na proclamação do clamor da meia-noite. Somente aqueles treinados para tomar a iniciativa e ser autônomos ousariam romper, mediante o chamado de Deus, com os erros e costumes de Roma que se encontravam nas igrejas protestantes.

> "O clamor da meia-noite foi proclamado por milhares de crentes. Semelhante à vaga da maré, o movimento alastrou-se pelo país... Desapareceu o fanatismo ante essa proclamação, como a geada matutina perante o Sol a erguer-se... todos eram de um mesmo coração e espírito... Ele provocou desapego das coisas deste mundo, afastamento de controvérsias e animosidades, confissão de faltas... Eram enviados anjos do Céu para despertar os que se haviam desanimado e prepará-los para receber a mensagem... Não foram os mais talentosos os primeiros a ouvir e obedecer ao chamado, mas os mais humildes e dedicados. Lavradores deixaram as colheitas nos campos, mecânicos depuseram as ferramentas, e com lágrimas e regozijo saíram a dar a advertência. Os que anteriormente haviam dirigido a causa foram os últimos a unir-se a este movimento. As igrejas, em geral, fecharam as portas a esta mensagem, e numeroso grupo dos que a receberam cortou sua ligação com elas... Ia com ela um poder impulsor que movia a alma" (*O Grande Conflito*, p. 400-402).

Não é necessária profunda reflexão para descobrir a causa do fracasso do sistema educacional das denominações protestantes em treinar homens e mulheres para participar do clamor da meia-noite. Todo o esquema de educação daquela época, com exceção do movimento de reforma que foi amplamente enfraquecido pela pressão dos líderes das igrejas populares, estava voltado a tornar os homens conservadores e receosos de deixar os modos tradicionais de ação; e, consequentemente, "as igrejas em geral fecharam suas portas contra esta mensagem". Professores e pregadores protestantes, em harmonia com o papado, tinham por muito tempo atado a mente dos alunos e membros da igreja a credos, tanto na educação quanto na religião, até que seus adeptos se tornaram governados pela tradição, preconceito, intolerância e medo de seus líderes. Eles tinham perdido seu amor e poder de regerem a si próprios. Consequentemente, Deus não pôde guiá-los por Seu Espírito; a organização deles foi rejeitada. Eles haviam caído moralmente, e o segundo anjo os chamou de Babilônia. Por outro lado, algumas escolas dedicadas, e alguns reformadores educacionais e ministros, haviam treinado um pequeno grupo para apreciar o privilégio de serem governados pelo Espírito de Deus, conforme revelado em Sua Palavra. Eles haviam praticado o que lhes havia sido ensinado sobre o governo de si mesmo, chegando ao ponto de estarem dispostos a seguir a orientação do Espírito. Isso mostra que o verdadeiro governo de si mesmo não significa "faça como quiser"; e sim que o eu deve ser governado pela Palavra de Deus. Embora esse grupo tenha sido expulso das igrejas organizadas, tenha deixado suas colheitas, ferramentas e antigos empregos de todos os tipos para participar do que parecia, para aqueles que não tinham aprendido o autogoverno, um movimento fanático, todavia, foi a partir desse grupo que surgiu a maravilhosa Igreja Adventista do Sétimo Dia. E essa igreja é chamada para mostrar ao mundo um sistema de escolas, instituições e organizações de cristãos autônomos, tais como o mundo jamais viu antes.

O caráter capaz de transmitir o clamor da meia-noite tinha de ser desenvolvido nas escolas cristãs de treinamento manual, ou na escola prática da vida. O líder desse movimento, Guilherme Miller, "o profeta-fazendeiro", como Cristo e João Batista, foi educado na última. Seu biógrafo, um homem bem qualificado para julgar o valor do sistema de educação popular das igrejas, escreveu:

> "Qual teria sido o efeito do que é hoje chamado de curso regular de educação? Teria ele pervertido Miller, como fez com milhares? Ou teria feito dele um instrumento de um bem maior na causa de Deus? Teria ele realizado seu trabalho de forma adequada, de

> disciplinar, ampliar e enriquecer a mente, deixando, no decorrer do processo, sem danos suas energias naturais, seu senso de dependência e responsabilidade para com Deus? Ou será que tal sistema o teria colocado nas fileiras apinhadas daqueles que se contentam em compartilhar a honra de repetir as tagarelices, quer verdadeiras ou falsas, que passam por verdades nas escolas ou seitas que fizeram delas o que são? Pensamos que teria sido difícil pervertê-lo; mas permanecendo onde muitos dos que haviam sido considerados alunos de grande potencial haviam sido arruinados por esse processo educacional, ele teria estado em grande perigo. Ele poderia ter se tornado, aos olhos dos mestres da época e do ponto de vista exterior, melhor preparado para uma grande obra; *mas duvidamos que tivesse sido um indivíduo melhor para ser usado como instrumento da Providência.* Há aqueles que sobrevivem ilesos a um curso regular; há aqueles que são beneficiados por ele ao ponto de chegarem ao nível de pessoas com capacidade normal, coisa que nunca poderiam alcançar sem ajuda especial. E há a terceira classe que é uma representação estereotipada do que tal educação faz deles; se eles são erguidos do lamaçal pela educação que recebem, por outro lado, não ficam mais perto do Céu do que as escolas onde foram preparados. Qualquer que pudesse ter sido o resultado de algum programa de educação no caso de Guilherme Miller, tal oportunidade estava além de seu alcance; ele foi privado desse benefício; ele escapou da perversão" (James S. White, *Sketches of the Christian Life and Public Labors of William Miller*, p. 15-16).

Foi esse Guilherme Miller, "o profeta-fazendeiro", que mais tarde proclamou a mensagem do primeiro anjo para Oberlin. Na experiência do clamor da meia-noite foi vista a futilidade de depender de homens que não foram treinados para o governo de si mesmos. Cada adventista do sétimo dia está se aproximando de sua prova final, assim como ocorreu com as igrejas protestantes em 1844. A nossa prova virá com o alto clamor, a chuva serôdia. Aqueles que não foram treinados no governo de si mesmos, aqueles que são incapazes de depender de seus próprios esforços para o sustento, que não estão fazendo da Bíblia sua base de estudos, e da fisiologia a base de cada esforço educacional, todos os que, em outras palavras, "não entendem a verdadeira ciência da educação", não terão parte no reino de Deus ou no alto clamor.

O caráter necessário para o alto clamor é semelhante àquele do clamor da meia-noite: —

> "Assim será proclamada a mensagem do terceiro anjo. Ao chegar o tempo para que ela seja dada com o máximo poder, o Senhor operará por meio de humildes instrumentos, dirigindo a mente dos que se consagram ao Seu serviço. Os obreiros serão antes qualificados pela unção de Seu Espírito do que pelo preparo das instituições de ensino. Homens de fé e oração serão constrangidos a sair com zelo santo, declarando as palavras que Deus lhes dá" (*O Grande Conflito*, p. 606).

As escolas jesuítas ensinavam a seus alunos obediência cega. Não era requerido do estudante dirigir-se a Deus pedindo sabedoria a respeito de sua conduta. Seu professor assumia essa responsabilidade. O autogoverno verdadeiro, que pode ser definido como colocar a conduta em harmonia com os princípios de Deus expressos em Sua Palavra, era absolutamente negligenciado. Os terríveis efeitos do sistema papal de disciplina escolar foram vistos durante a mensagem do primeiro anjo. Os alunos que seguiram cegamente seus mestres, ao invés dos princípios divinos, estavam presos aos costumes, tradições, organizações e líderes num momento em que o Espírito de Deus os estava chamando a seguir a verdade. Como preparação para o alto clamor, é-nos dito:

> "O plano das escolas que iremos estabelecer nestes anos finais da obra precisa ser de uma ordem completamente diferente daqueles que temos instituído" ("The Madison School," p. 28).
>
> "O objetivo da disciplina é ensinar à criança o governo de si mesma" (Ellen G. White, *Educação*, p. 287).
>
> "Não tendo nunca aprendido a governar-se, os jovens não admitem restrições a não ser as exigências dos pais ou professor. Removidas estas, não sabem como fazer uso de sua liberdade, e com frequência se entregam a condescendências que vêm a ser sua ruína" (*Ibid.*, p. 288).
>
> "Eles não deveriam ser levados a pensar que não podem ir e vir sem serem vigiados" (*Ibid.*, p. 289).
>
> "Levem os jovens a sentir que eles merecem confiança, e poucos haverá que não procurarão mostrar-se dignos dessa confiança... É melhor pedir do que ordenar. Aquele a quem assim nos dirigimos tem a oportunidade de se mostrar leal aos princípios retos. Sua obediência é o resultado de sua escolha, em vez de coação. As regras que governam a sala de aulas deveriam, tanto quanto possível, representar a voz da escola... Assim ele sentirá a responsabilidade de fazer com que as regras que ele próprio ajudou a formular sejam

> obedecidas. As regras devem ser poucas e bem consideradas; e uma vez feitas, cumpre que sejam executadas" (*Ibid.*, p. 290).
>
> "Os que desejam governar a outrem devem primeiramente governar-se a si mesmos" (*Ibid.*, p. 292).
>
> "A cooperação deve ser o espírito da sala de aulas, a lei de sua vida... Que os mais velhos ajudem aos mais novos, os fortes aos fracos. Isso fomentará o respeito próprio e o desejo de ser útil" (*Ibid.*, p. 285).

Jefferson, o pai da democracia, sabendo que o governo de si mesmo não era ensinado nas escolas de sua época, e que a democracia não pode existir no Estado a menos que seus princípios sejam primeiramente ensinados e praticados na escola, introduziu este princípio na Universidade da Virgínia.

> "É geralmente conhecido que na Universidade da Virgínia existe um sistema notável de disciplina própria por parte dos alunos, pelo qual tem se mantido com sucesso uma alta disposição de ânimo, bem como um tom varonil de autoconfiança " (*Thomas Jefferson and the University of Virginia*, p. 94).

O governo de si mesmo é contrastado com o que é chamado de "espionagem professoral".

> "O governo de si mesmo estabeleceu um espírito franco e amável de cooperação entre mestre e aluno. Ele reprimiu todas as práticas infames de fraude em sabatinas orais e exames, e promoveu um espírito de independência e autorrespeito" (*Idem*).

A escola Oberlin achou necessário, na formação do tipo certo de missionários, desenvolver um sistema de autodisciplina ou autogoverno. Em Oberlin

> "o sentimento democrático, o espírito de igualdade, a ausência de classes e castas baseadas em meras distinções artificiais são tão marcantes na instituição quanto o que pode ser visto no vilarejo... O corpo docente... nunca procurava assenhorear-se dos alunos como sendo superior a eles, nem insistia numa especial demonstração de honra, reverência ou mesmo respeito... Eles desempenhavam o papel de irmãos mais velhos para seus alunos" (*The Story of Oberlin*, p. 398).

Os títulos eram desconhecidos, e os alunos abordavam seus professores como 'irmão Finney' ou 'irmão Mahan'.

> "O governo de si mesmo era o ideal. A juventude reunida devia aprender a usar a liberdade ao ser deixada livre. Uma disposição

> mental correta no ambiente público deveria ser a força controladora" (*Ibid.*, p. 409).
>
> "Cada indivíduo tem total liberdade de dar o máximo de si mesmo, e é reconhecido pelo valor real que ele tem no coração ou mente. Os gritos de guerra e cores representativas de turmas vieram mais tarde e, ocasionalmente, bonés, bengalas e similares; em raros intervalos, roupas de gala, mas sem deixar de levar em conta o bom juízo e gosto e sem qualquer grande afastamento das modas de vestidos em voga em outros lugares da boa sociedade" (*The Story of Oberlin*, p. 399).

Em Oberlin,

> "os regulamentos são poucos. Nenhuma vigilância especial estrita era aplicada. Sobre os ombros do estudante é posta grande parte de sua responsabilidade, com a consciência de que seu contínuo usufruto dos privilégios da escola devia depender de seu comportamento satisfatório... Nenhum sistema de monitoramento jamais foi adotado. Cada jovem presta relatórios semanais por escrito ao professor responsável com referência a seu sucesso ou fracasso no cumprimento dos deveres prescritos. As jovens se reportam à diretora" (*Oberlin: The Colony and the College*, p. 263-265).

Isso soa muito parecido com o seguinte:

> "Devem os jovens ser impressionados com a ideia de que neles se tem confiança... Se os alunos recebem a impressão de que não podem ir e vir, sentar-se à mesa, ou estar em qualquer parte, mesmo em seu quarto, a não ser que sejam vigiados, que um olho crítico esteja constantemente sobre eles para desaprovar e denunciar, isso terá uma influência desmoralizadora, e a recreação em si não trará prazer. Esse conhecimento de uma vigilância contínua é mais do que uma tutela paterna, e muito pior... Essa vigilância constante não é natural e produz os males que está procurando evitar" (*Christian Education*, p. 46).

Horace Mann fala sobre o governo de si mesmo: — Naqueles dias, quando as denominações protestantes fixando seu destino eterno, quando estavam decidindo se ouviriam a mensagem mundial do juízo, e se elas próprias se preparariam para o clamor da meia-noite, Horace Mann escreveu: "Um dos mais elevados e valiosos objetivos, para os quais as influências de uma escola devem conduzir, consiste em ensinar nossos filhos a exercer o governo de si mesmos". O Sr. Mann teve a seguinte experiência em lidar com estudantes. Ele levou os jovens a entender

> "que ele os considerava como se fossem policiais de si mesmos"; E quando um monitor, que havia morado no dormitório masculino

> para manter a ordem, foi substituído por uma professora, Mann apelou para os alunos formandos, um dia após o culto na capela, indagando se eles não eram suficientemente fortes em poder moral para cuidar do prédio sem essa supervisão. Eles se levantaram ao mesmo tempo, aceitaram a responsabilidade com alegria e confiança, cumpriram o prometido e transmitiram esse espírito a seus sucessores" (*Life and Works of Horace Mann*, vol. 1, p. 438).

O Sr. Mann, no entanto, estava sempre alerta para ajudar os alunos que buscavam governar-se a si mesmos através de uma palavra de advertência, ou avisando-os com antecedência sobre problemas iminentes. "Desde então, o orgulho e prazer do Sr. Mann era andar pelos corredores dos alojamentos dos jovens em qualquer hora do dia ou da noite, e levar visitantes com ele para convencê-los de que um verdadeiro espírito de honra e fidelidade poderia ser despertado nos moços" em matéria de autodisciplina. Certa vez ele escreveu:

> "Nosso dormitório, quase repleto de estudantes do sexo masculino, não tem monitor, preceptor ou supervisor. Nas horas de estudo, ele é tão quieto quanto nossa casa. Não temos nenhuma arruaça, nenhum incidente de bebidas ou licores intoxicantes, nem jogos de azar e nem de baralho, e podemos dizer que conseguimos quase totalmente... eliminar a profanidade e o uso do tabaco" (*Ibid.*, p. 515).
>
> "Vai ter com a formiga, ó preguiçoso, considera os seus caminhos e sê sábio. Não tendo ela chefe, nem oficial, nem comandante, no estio, prepara o seu pão, na sega, ajunta o seu mantimento" (Provérbios 6:6-8).

Treinando Missionários no Sustento Próprio – Um Movimento Missionário Leigo

Era plano divino que o clamor da meia-noite e a mensagem do terceiro anjo fossem levados a cada nação, tribo, língua e povo. Deus queria um exército treinado para propagar essa religião prática a um mundo que havia sido educado por meios muito distantes dos princípios do evangelho, ou seja, pelos sistemas papal e pagão de educação.

Vimos que a educação cristã, conforme ministrada pelos reformadores educacionais em cada denominação protestante, tornou possível um poderoso movimento leigo. Podemos, assim, entender como esses missionários de sustento próprio seriam capazes de rapidamente levar a mensagem ao mundo. Era o calculado esforço de Satanás frustrar esse movimento de leigos de sustento próprio. Ele alcançou seus desejados resultados ao exaltar a literatura mundana a uma posição acima da Bíblia, ao fazer com que praticamente todo o tempo do estudante fosse consumido em esforços mentais, levando-o a menosprezar os aspectos práticos da vida, e ao levar o sistema educacional a substituir gradualmente o trabalho manual por atletismo, esportes e jogos. Satanás está se esforçando para enganar os próprios eleitos, a igreja remanescente.

As denominações protestantes não puderam "levar a mensagem da verdade presente em toda a sua plenitude a outros países", pelo fato de não terem "rompido primeiro cada jugo" de educação secular; elas não quiseram "entrar na linha da verdadeira educação"; não educaram de modo a "preparar um povo" para "entender a mensagem, e então dar a mensagem ao mundo" ("The Madison School," p. 28).

Professores e estudantes de sustento próprio: —

> "Os alunos dessas escolas [dos profetas] se sustentavam por meio do próprio trabalho ao cultivarem o solo ou realizarem algum emprego mecânico... Muitos dos professores religiosos se sustentavam através do trabalho manual" (*Christian Education*, p. 61).
>
> "As escolas devem ser fundadas fora das cidades, onde os jovens possam aprender a cultivar o solo, o que ajudará com que eles próprios, bem como a escola, se autossustentem... Que meios sejam arrecadados para o estabelecimento de tais escolas" (*Testemunhos para a Igreja*, Vol. 7, p. 232).
>
> "O ensino em nossas escolas não deve agora ser conduzido como o tem sido no passado, onde muitas coisas eram apresentadas como sendo essenciais, quando na verdade eram apenas de menor importância" (Ellen G. White, "Words of Encouragement to Self--supporting Workers" [Palavras de Encorajamento para Obreiros de Sustento Próprio] *Pamphlet 113*, p. 20 [9 de janeiro de 1909]).
>
> "Sua escola deve ser um exemplo de como o estudo da Bíblia, a educação geral, a educação física e a obra de saúde podem ser combinadas em muitas escolas pequenas que serão estabelecidas com simplicidade em muitos lugares" (Ellen G. White, *The Spalding and Magan Collection*, p. 420 [6 de janeiro de 1908]).
>
> "Precisamos de escolas que sejam de sustento próprio, e isso pode suceder se professores e estudantes forem prestimosos, laboriosos e econômicos... São necessários sacrifícios em toda parte" (Ellen G.

White, "Words of Encouragement to Self-supporting Workers", p. 28 [24 de janeiro de 1907]).

Obra para leigos de sustento próprio: —

"Em breve chegará o tempo em que o povo de Deus, por causa da perseguição, será disperso em muitos países. Aqueles que têm recebido uma educação integral estarão em grande vantagem onde quer que se encontrarem" (Ellen G. White, "An Appeal for the Madison School," *Pamphlet 119*, p. 2).

O apóstolo Paulo

"ilustrou de maneira prática o que podia ser feito por consagrados leigos em muitos lugares. ... Há um vasto campo aberto diante do obreiro de manutenção própria. ... Ele recebe do Céu sua missão, e do Céu espera a recompensa quando a obra a ele confiada estiver concluída" (Ellen G. White, *Atos dos Apóstolos*, p. 198).

Antes de 1844, muitos reformadores educacionais foram impressionados pelo Espírito de Deus a dar uma educação prática, a fim de que seus alunos tivessem a liberdade de levar a verdade a qualquer campo para o qual Deus os chamasse. Esses reformadores viram que o sistema educacional em voga nas igrejas protestantes era totalmente inadequado para preparar missionários que ousassem apresentar uma verdade impopular contrária à vontade dos líderes nessas denominações.

"O Prof. Finney, do Colégio Oberlin, disse: 'Temos presenciado diante de nós o fato de que, em geral, as igrejas protestantes de nosso país, em essência, se mostraram apáticas ou hostis a quase todas as reformas morais da época. ... As *igrejas em geral estão lamentavelmente se degenerando.* Elas têm se apartado para muito longe do Senhor e Ele tem se retirado delas'" (*O Grande Conflito*, p. 377).

"As igrejas, em geral, não aceitaram a advertência. Seus ministros... haviam deixado de aprender a verdade, quer pelo testemunho dos profetas, quer pelos sinais dos tempos... O fato de que a mensagem foi principalmente pregada por leigos era insistentemente apresentado como argumento contra ela... Multidões, confiando implicitamente em seus pastores, recusaram-se a ouvir a advertência" (*Ibid.*, p. 380).

Centenas de missionários de manutenção própria foram enviadas pelo diretor Finney, de Oberlin, que

"estabeleceu a máxima surpreendente, e um pouco exagerada, de que ninguém estava apto a ser um missionário a menos que esti-

> vesse disposto, com apenas uma espiga de milho no bolso, a partir para as Montanhas Rochosas" (*The Story of Oberlin*, p. 238).

Esse era o espírito de fé e ousadia que foi despertado no coração dos alunos que foram ensinados a desenvolver-se a partir do cultivo do solo.

A Sociedade Americana de Educação era o departamento educacional da Igreja Congregacional, e seu trabalho era supervisionar todas as instituições de ensino dessa denominação. Oberlin foi estabelecido por homens piedosos da Igreja Congregacional que desejavam tornar sua escola um meio para formar missionários dessa denominação.

> "Alguns dos candidatos ao ministério fizeram um pedido de ajuda financeira a essa organização, ... o que os mantenedores se recusaram a aprovar; posteriormente, porém, embora a contragosto, indispostamente cederam... Oberlin entrou numa prolongada contenda com a Sociedade Americana de Educação, cujo motivo de atrito se encontrava em certas ideias acariciadas pelos fundadores, notadamente a que dizia respeito à manutenção própria que deveria tornar-se facilmente acessível através das soberanas virtudes do trabalho manual" (*Ibid.*, p. 250, 249).

O esforço de Oberlin para treinar missionários de manutenção própria foi atacado pelo Hudson College, uma escola congregacional que tentou prejudicar a influência de Oberlin na denominação. "Essa era uma oportunidade boa demais para Hudson perder". Em janeiro de 1837, veio a público esta injusta crítica da parte de Hudson:

> "Quando Oberlin começou, foi dito que os estudantes iriam se automanter, não precisando, portanto, de ajuda. Tal modo de trabalhar ia de encontro à visão da Sociedade de Educação, e muitos se recusaram a contribuir; assim, quando Oberlin se convenceu de que seu esquema era visionário e procurou ajuda para os alunos, o Conselho lhes pediu para declarar com franqueza que Oberlin não era autossustentável, de modo a tirar do público essa noção equivocada. Isso não foi feito... Lamentamos que eles não digam claramente: 'Não somos uma escola de manutenção própria.' Agora parece que os alunos de Oberlin não conseguem ganhar mais do que outros e precisam igualmente de ajuda. Então o trabalho manual em Oberlin não é em nada melhor do que é em outros lugares" (*Ibid.*, p. 250).

Oberlin nem sempre foi a favorita das instituições irmãs e "passou a parecer como a perturbadora de Israel, uma ismaelita. Lane e Hudson se sentiam injustiçadas. Oberlin era como uma intrusa desavergonhada, uma caçadora ilegal de suas reservas" (*Ibid.*, p. 150). Essa visão era mantida por causa do "êxodo maciço de estudantes que haviam sido arrebanhados pela escola do Sr. Shipherd". Os membros do corpo docente de Lane e Hudson pensavam que "em todas as coisas, enquanto Oberlin era radical, eles eram conservadores. Sim, e Oberlin ficou lotada de estudantes"; e isso a despeito do fato de que "Oberlin fez todos os esforços que podia para restaurar nas igrejas as diretrizes puramente democráticas da Nova Inglaterra. Portanto, Oberlin foi abominada por uma multidão dos bons e lançada fora como coisa vil". "É dito que Oberlin é baseada em trabalho manual, mas assim também o é Hudson. Diz-se que os alunos vêm do Leste; mas por que deveriam vir de instituições excelentes, tradicionais, ricamente dotadas e bem comandadas nos estados mais antigos para ter uma educação num instituto pequeno e mal mobiliado nas florestas de Ohio? Por que os estudantes deveriam ser importunados para sair das instituições em que estão e ir a Oberlin, como entendo estar acontecendo amplamente nesta região?" (*Ibid.*, p. 247). Assim falavam os críticos de Oberlin.

Os diretores de Oberlin sentiram profundamente os golpes provindos de seus próprios irmãos que ocupavam posições de liderança. As acusações não eram verdadeiras. Oberlin estava enviando centenas de missionários de sustento próprio aos índios, aos montanheses do Sul, aos ex-escravos e a outros campos carentes. Isso levou o presidente Mahan a replicar:

> "'Não nos sentimos na obrigação de dizer ou fazer alguma coisa. Não nos importamos muito se a Sociedade auxilia nossos estudantes ou não. Se quisermos ajuda, podemos obtê-la.' Assim estigmatizada e marginalizada, o que Oberlin e seus amigos poderiam fazer senão organizar uma sociedade educacional própria? ... [Oberlin] foi acusada em todas as partes do pecado de dissidência, de ser inimiga da união cristã, esforçando-se vigorosamente para derrubar o *status quo* eclesiástico... No momento, a sorte que coube à Oberlin foi ser lançada fora como vil; e se não fosse pela existência da Associação e de outros grupos subordinados filiados a ela, os alunos de Oberlin teriam sido incapazes de garantir qualquer licença ou ordenação" (*Ibid.*, p. 251, 252).

Em 1839, a Igreja Congregacional colocou estas perguntas no jornal da igreja com respeito a Oberlin:

> "Deverão os jovens ir para lá na expectativa de obter uma educação teológica completa e clássica? Serão eles recebidos pelas igrejas como pastores ou missionários? Há alguma obrigação de ajudar a Oberlin como agora se encontra constituída?" (*Ibid.*, p. 254).

Em 1840, dois estudantes de Oberlin

> "pediram para ser licenciados, e o caso deles foi encaminhado a uma comissão que, sem o menor questionamento, simplesmente perguntou se eles acreditavam nas doutrinas ensinadas em Oberlin e em seu modo de fazer as coisas. Recusando-se a responder a tal inquirição, o discurso finalmente adotou este tom: 'Vocês acreditam, de modo geral, que Oberlin seja uma boa instituição ou uma maldição para o mundo?' Eles disseram então que pensavam ser ela boa e também acreditavam que a comissão também pensaria assim se seus membros passassem uma semana lá" (*Ibid.*, p. 254, 255).

A licença lhes foi recusada.

A Associação Congregacional então tomou esta medida em relação a Oberlin: "Consideramos não recomendável que nossas igrejas empreguem ministros conhecidos por acalentar a filosofia de Oberlin" (*Ibid.*, p. 255, 256). Em 1841, essa questão foi levantada pela Associação de Ohio: "Será validado um batismo administrado por um egresso de Oberlin?" (*Ibid.*, p. 256). A questão foi encaminhada a uma comissão, que informou:

> "As ideias de Oberlin são extremamente perigosas e corruptoras, e esses pregadores não deveriam ser recebidos pelas igrejas como ministros ortodoxos, nem seus membros devem ser admitidos à comunhão".
>
> "Em 1844, a Associação Geral de Nova York condenou a heresia e censurou a Associação de Genessee por ignorá-la. ... O Conselho Americano exonerou dois nobres missionários, Bradley e Casswell, na Tailândia, pela mesma razão... A Convenção de Cleveland foi realizada nesse ano, mas a Associação à qual a igreja de Oberlin estava ligada não foi convidada para participar de suas deliberações. O Sr. Finney e o diretor Mahan estavam presentes, mas uma moção feita para que fossem convidados a sentar-se como membros representantes foi rejeitada por maioria considerável, como testificou um delegado presente. No entanto, a maior parte do tempo foi gasta em denunciar Oberlin, e o principal objetivo da convenção parecia ser o de destruir sua influência, e excluí-la dos limites da ortodoxia" (*Ibid.*, p. 256, 257).

Formada a Associação Missionária Americana: —

> "Quando os egressos de Oberlin partiam como missionários para o noroeste, tornou-se necessário criar a Sociedade Evangélica Missionária Ocidental para enviá-los e apoiá-los. E quando eles começaram a trabalhar em favor dos negros em Ohio, no Canadá, nas Índias Ocidentais ou na África, outras organizações se fizeram indispensáveis, que, em 1846, se uniram para formar a Associação Missionária

> Americana. Esta, por anos, cobriu com suas operações tanto o campo local como o campo estrangeiro. ... O mau sentimento, bastante prevalecente e amplamente disseminado, encontrava frequente expressão em frases como estas: Um delegado na Convenção de Cleveland disse: 'A influência de Oberlin era pior que a do Catolicismo Romano.' O presidente da Universidade de Michigan publicamente declarou sua convicção de que 'a teologia de Oberlin era quase demoníaca.' Outro irmão ainda disse: 'Irmãos, odeio Oberlin tão vigorosamente como odeio a escravidão, e vocês sabem que odeio a escravidão como odeio o diabo" (*Ibid.*, p. 257, 258).

Quando os alunos de Oberlin se inscreveram na Sociedade Educacional Americana para serem enviados como missionários junto aos índios, a Sociedade respondeu: "Não podemos. Vocês são bons homens e lhes desejamos tudo de bom, mas isso não podemos fazer". Em outra ocasião, "o Conselho orientou um de seus missionários para que tivesse cuidado no sentido de ter intimidade muito grande com os homens de Oberlin, para não serem envenenados por sua influência". Um estudante de Oberlin tinha solicitado um cargo de ministro numa igreja congregacional. A banca examinadora perguntou: "Se for aceito, você permitirá que o Diretor Mahan ou o Prof. Finney de Oberlin preguem em seu púlpito? E como ele respondeu que o faria, metade de um dia foi gasto considerando se deveriam prosseguir com o exame. Quando alguém comentou sobre os irmãos de Oberlin, outro disse: 'Eles não são irmãos, eles são estrangeiros', e quase todo o grupo simpatizava com essa afirmação" (*Ibid.*, p. 249, 265).

Oberlin estava passando por um teste de fogo. Essas experiências foram suportadas, em grande parte, com espírito amável. Eles se ocupavam de seus próprios negócios e enviavam um constante fluxo de missionários ativos, entusiasmados e bem-sucedidos ganhadores de almas. Eles estavam começando a apreciar a verdade desta afirmação maravilhosa a respeito da educação cristã:

> "Quando atingirmos a norma que o Senhor deseja que atinjamos, as pessoas mundanas considerarão os adventistas do sétimo dia como extremistas esquisitos, alienados e antiquados" (Ellen G. White, *Review and Herald*, 9 de janeiro de 1894).
>
> "Gostaria que vocês tivessem um ponto em mente: não se perturbem facilmente com o que outros possam dizer. Certifiquem-se de que estão certos e, em seguida, vão em frente. ... Não se incomodem com

> as opiniões daqueles que falam por falar" (Ellen G. White, *Pamphlet 158*, p. 13 [18 de julho de 1892]).

Vale lembrar que a Sra. E. G. White faz menção à história de Oberlin quando a instituição estava passando por essas experiências, ao declarar:

> "As igrejas em geral se estão degenerando lamentavelmente. Elas têm se afastado muito do Senhor, e Ele tem se retirado delas" (*O Grande Conflito*, p. 377).

Se Oberlin tivesse cedido às exigências da igreja, se ela não tivesse se esforçado para obedecer a Deus mesmo sob dificuldades, ela nunca teria feito o que fez. Foi em face dessas experiências que ela conseguiu colocar mais missionários entre os ex-escravos do que todo o conjunto das outras faculdades americanas. O Espírito do Senhor ajudou os professores de Oberlin a reconhecer, nas condições daquele tempo, o princípio contido na seguinte declaração:

> "Não é da vontade do Senhor que o trabalho no sul deva ser confinado aos métodos já definidos e regulares. Verificou-se ser impossível limitar o trabalho segundo esses planos e alcançar sucesso. Obreiros diariamente cheios de zelo e sabedoria do alto precisam trabalhar conforme forem guiados pelo Senhor, não esperando receber autorização dos homens" (Ellen G. White, *The Southern Watchman*, 15 de dezembro de 1903, par. 14).

Um estudante do sistema de trabalho manual em Oberlin se torna diretor: — A experiência do Prof. James H. Fairchild, que esteve ligado a Oberlin por mais de sessenta anos, primeiro como aluno e depois como professor, dá testemunho do fato de que Oberlin realmente tornou possível aos alunos se autossustentarem. O Prof. Fairchild escreveu: "Uma razão bem óbvia para eu escolher essa instituição foi minha limitação financeira". Falando de si mesmo, de quando tinha dezessete anos, ele afirmou:

> "Meus pais tinham condições de me liberar da fazenda, mas não podiam fornecer-me dinheiro para pagar o estipêndio. Oberlin era uma escola de trabalhos manuais, e meu irmão e eu fizemos o primeiro curso juntos sendo estudantes industriários. Quando lá chegamos, fomos encarregados de serrar ripas na serraria durante quatro horas por dia, recebendo cinco centavos por hora. Isso cobriu nossas despesas no primeiro ano. No ano seguinte e em anos posteriores, trabalhamos como carpinteiros e marceneiros nos edifícios da faculdade e nas casas da comunidade. Por esse trabalho, reforçado pelo salário proveniente de ensinar nas férias, conseguimos nosso estipêndio durante todo o curso, sem qualquer

> sensação de falta ou cansaço, ou qualquer obstáculo para nossos estudos ou preparação geral para nosso futuro trabalho profissional" (*The Story of Oberlin*, p. 290).

Esse jovem era um estudante de teologia e, com outros de sua turma, saíram para as igrejas como ministros de manutenção própria. Essa foi a preparação que ele recebeu e que o capacitou para ocupar uma posição primeiramente como instrutor em Oberlin e, mais tarde, como presidente da instituição na qual ele passou a vida.

Salário: — O caráter dos professores que dão aos estudantes a inspiração para a obra de manutenção própria é assim descrito por um professor de Oberlin:

> "Sua piedade é mais semelhante à do divino Professor do que a que geralmente se vê; ele trabalha com vigor para fazer o bem na escola e fora dela; sua educação, embora não acadêmica, é suficientemente extensa; ele é um homem de trabalho manual; não ensina por dinheiro, *mas para fazer o bem;* é profundamente interessado no oeste [americano]" (*Ibid.*, p. 96).

Quanto ao salário desse professor, um membro da comissão diretiva escreveu:

> "Aconselho que lhe sejam oferecidos US$ 400,00 com o direito de moradia e alguns hectares de terra, forragem para o seu cavalo, duas vacas e madeira" (*Idem*).

Dos fundadores de Oberlin é dito:

> "Essas almas altruístas e abnegadas ofereceram-se à instituição sem qualquer salário durante cinco anos" (*Ibid.*, p. 269).

Oberlin era capaz de se automanter, em parte por ter reduzido seu corpo docente, com a utilização de estudantes-professores, e em parte porque os membros de seu corpo docente estavam dispostos ao sacrifício em termos salariais.

Os estudantes que buscaram uma educação nessa instituição ali chegavam com o mesmo espírito de seus professores. Fala-se dos estudantes de Oberlin:

> "Com seus próprios músculos eles forjavam seu caminho para o ministério. A maioria deles já era relativamente de idade madura, enquanto alguns já haviam passado dos trinta anos. ... Era uma nobre classe de rapazes excepcionalmente fortes, pouco refinados, completamente radicais e intensamente sinceros" (*Ibid.*, p. 132).

Missionários de sustento próprio: — Essas escolas que lutavam com os problemas da verdadeira educação estavam todas treinando missionários e evangelistas. Elas mantinham diante dos estudantes um objetivo definido, uma vida de trabalho que convocava ao autossacrifício e à devoção. Isso despertava zelo e dedicação no trabalho de professores e estudantes. O mundo estava se aproximando de um dos anos mais solenes de sua história. Chegara o momento de ser pregada a mensagem do juízo. Um clima de intensidade se apoderava dos homens em cada aspecto da vida. Os estudantes dessas escolas estavam despertos para as grandes questões sociais do momento, e, em lugar de despender seu tempo e energia no estudo de clássicos mortos e outros assuntos inúteis que tinham pouco ou nenhum valor no treinamento de obreiros cristãos, eles lidavam com verdadeiros problemas que demandavam ação, bem como raciocínio. Por exemplo, os estudantes de Oberlin dedicavam-se ao trabalho missionário entre os índios; estavam educando os negros; enviavam obreiros às regiões montanhosas do Sul, e mesmo às ilhas marítimas.

> "Em cada longo período de férias, os alunos de Oberlin viajavam para o sul de Ohio, onde quer que estivessem reunidos esses pobres [negros], e dispensavam-lhes simpatia e compaixão, recebendo apenas o suficiente para viver. Em 1836, Hiram Wilson, um estudante da Lane, viajou para as regiões mais ao norte do Canadá para trabalhar entre os vinte mil ex-escravos que haviam fugido da escravidão para aquele lugar de refúgio. Eles estavam na mais profunda pobreza e ignorância. Ele dedicou toda a sua vida à tarefa de cristianizá-los e educá-los. No final de dois anos, catorze professores procedentes de Oberlin o estavam ajudando. Em 1840, nada menos que trinta e nove estavam ensinando em escolas para negros em Ohio, a metade deles composta de mulheres jovens, recebendo apenas acomodação e comida como outros tantos no Canadá" (*Ibid.*, p. 322, 323).

Foram experiências como essas que prepararam esses jovens a fazer uma obra mais eficiente entre os negros libertos.

A maior parte desse trabalho tinha sua base na manutenção própria.

> "O grande grupo de jovens que saiu de Oberlin para pregar naqueles dias foram enviados como missionários domésticos — com a exceção de que não procuravam nenhuma sociedade para ajudar as igrejas no pagamento de seus salários. Não era difícil encontrar igrejas carentes que os quisessem receber. ... Tamanhos eram a ignorância predominante e os conceitos errôneos em relação à Oberlin que o máximo que poderiam procurar era o privilégio de trabalhar

em algum campo necessitado sem ser molestados. Cada homem era obrigado a encontrar um lugar para si e lentamente procurar assegurar reconhecimento. Nessas condições, os homens de Oberlin encontraram sua missão e esperavam por dias mais promissores" (*Ibid.*, p. 323, 324).

Missionários para Cuba: — Em 1836, um estudante, em busca de um clima quente por questões de saúde, dirigiu-se a Cuba.

"Sendo ele um mecânico especializado, encontrou seu autossustento facilmente, e enquanto ali vivia concebeu a ideia de uma missão junto aos negros da Jamaica, a ser levada adiante independentemente de qualquer ajuda externa" (*Ibid.*, p. 325).

Uma das missões iniciadas em Cuba foi chamada de Oberlin.

"Durante quinze anos a convocação de recrutas continuou, e foi correspondida até que, ao todo, trinta e seis missionários se dispuseram a ir. Durante vários anos esses homens e mulheres perseverantes, à parte da ninharia que esses ex-escravos podiam dar, dependeram quase que integralmente do trabalho de suas próprias mãos. Além disso, construíram suas próprias habitações, bem como capelas e edifícios escolares" (*Idem*).

Oberlin estava treinando homens para proclamar uma mensagem impopular, e essas experiências faziam parte de sua formação.

"Um ou dois anos de trabalho abnegado e eficiente com alguma igreja necessitada, sem receber auxílio, era o teste para se chegar a uma reconhecida posição ministerial. Estudantes de teologia que saíam para pregar não encontravam nenhuma sociedade missionária para orientá-los a abrir as portas e estabelecer uma remuneração por seus serviços. Eles se dirigiam para onde a pregação era mais necessária e, frequentemente, retornavam de mãos tão vazias como quando partiram, exceto pela amizade e gratidão daqueles a quem haviam levado a obra do evangelho" (*Ibid.*, p. 324).

Alguém, hoje, poderia se perguntar como eles viviam, mas o escritor prossegue dizendo:

"Eles eram estudantes com habilidades manuais e conseguiam suprir suas necessidades em Oberlin mais um ano. A situação tinha suas vantagens. Os que saíam de Oberlin conseguiam uma posição teológica por si mesmos — uma herança que lhes garantia a liberdade. Essa liberdade pode ter custado um alto preço, mas valia a pena desfrutá-la" (*Idem*).

Essa é uma ilustração do grande princípio que recebemos:

> "A cultura em todos os pontos da vida prática fará com que a nossa juventude seja útil depois de deixar a escola e ir para países estrangeiros. Não terão de depender do povo a quem se dirigem para que cozinhem e costurem para eles ou construam suas habitações. Eles serão muito mais influentes se mostrarem que podem educar o ignorante a como trabalhar com os melhores métodos e alcançar os melhores resultados. ... Um fundo muito menor será necessário para sustentar tais missionários... e aonde quer que forem, tudo o que ganharem nessa direção lhes garantirá oportunidades permanentes" (*The Spalding and Magan Collection*, p. 50).

Oberlin ajuda os estudantes a definir sua carreira profissional: —

> "[Oberlin] nunca adotou a postura seguida pelas escolas de ensino superior tradicionais que se dedicavam exclusivamente a uma cultura de natureza puramente escolástica, marcada por conhecimento livresco. Maior ênfase era colocada no lado prático. O conhecimento era considerado bom mediante seus usos... Oberlin sempre foi impressionada com o fato de que o que o mundo mais precisa é de caráter, de homens e mulheres de valor genuíno e poder cujos objetivos sejam altruístas e nobres, que considerem deleitoso o serviço... [Os professores] transbordavam de estímulo ao pensamento e ao entusiasmo... O superficial e o sentimentalismo eram desprezados... As perguntas mais importantes eram diariamente postas em discussão" (*The Story of Oberlin*, p. 399, 400).

> "[Oberlin] era composta inteiramente de pessoas escolhidas que vinham em missão com um propósito e uma responsabilidade bem definidos... Um dos primeiros graduados costumava contar que, ao se despedir de sua turma, após terminar seu curso secundário numa escola do leste, o diretor condoeu-se deles pelo fato de terem nascido tão tardiamente na história que todas as tarefas realmente importantes já tinham sido realizadas, e nada lhes restava senão o desprezível trabalho de ajudar a manter as rodas do progresso em movimento ao longo das velhas rotinas! Porém, ao entrar na pequena clareira na floresta [Oberlin], ele logo descobriu que a convicção reinante ali era de que havia uma multidão de perguntas momentosas ainda por serem resolvidas; que a redenção do mundo havia apenas começado" (*Ibid.*, p. 298).

Os professores são mais importantes que os equipamentos dispendiosos para inspirar os alunos.

> "Entre os líderes de Oberlin, havia homens de notável poder que expressavam suas convicções de forma tão magistral que as tornavam

> profundamente sentidas em todo lugar. Além disso, esses homens eram de senso intensamente prático. Pensamento, investigação e opinião encontravam seu objetivo apenas se promovessem a vontade e a ação. Sua definição de cristianismo era ampla o suficiente para incluir todos os assuntos relacionados ao bem-estar humano. Todo ano eles despertavam e inspiravam centenas das mentes e corações mais moldáveis" (*Idem*).

> "Não digam: 'Não podemos nos dar ao luxo de trabalhar num campo escassamente ocupado, e sobretudo de forma autossustentável...' Deus deseja que todos os homens estejam em sua posição e lugar e que não sintam que o trabalho seja muito difícil" ("Words of Encouragement to Self-supporting Workers", p. 12, 15. Ver Apêndice D).

A influência de Oberlin é sentida: — Um historiador relata o efeito de tal treinamento nas seguintes palavras:

> "Seria difícil superestimar a parte empreendida nessa obra pelos missionários de Oberlin. Lembrem-se de que seu número era de centenas nos primeiros dias e, em seguida, excediam a milhares... Eles se espalharam pelo oeste, leste e também pelo sul, sempre promovendo, debatendo, questionando e agitando. A educação recebida fluía de seus lábios tão naturalmente como a respiração, e eles não conseguiam abster-se de agir assim... Oberlin é especial entre todos os centros de excelência educacional do país por ter um número muito grande de estudantes temporários embebidos de seu espírito, sem terem, contudo, seu diploma; eles compõem os ossos e os tendões do país onde quer que se encontrem; são ativos e influentes em suas modestas esferas e sempre prontos a apoiar os esforços e auxiliar o trabalho dos representantes de maior autoridade [de Oberlin] sempre que eles aparecem... Não há praticamente uma cidade a oeste dos Montes Allegheny e ao norte da linha ferroviária central de Ohio em que a influência dos homens de Oberlin e das opiniões ali transmitidas não possam ser especificamente identificadas e reconhecidas. Essa era a propaganda de uma escola de pensamento e ação com características distintas" (*The Story of Oberlin*, p. 314, 315).

Talvez não haja nenhuma outra experiência que melhor ilustre o grande poder do pessoal de Oberlin e de sua ousadia em tomar iniciativas contra a opinião popular do que a atitude para com a questão da escravidão e os libertos. Quando vemos o trabalho feito nessa direção, conseguimos apreciar melhor o valor do sistema educacional de Oberlin, marcada por sua ênfase no estudo da Bíblia, pelo descarte da literatura prejudicial, por sua indiferença para com as honras acadêmicas, por seu treinamento manual, pelo estímulo à autonomia e à manutenção própria. Sem essa formação, teria sido difícil para seus alunos seguirem o rumo tomado na questão da escravidão. Isso os levou ao conflito com as leis do país, mas os alunos obedeciam mais às leis de Deus do que às leis dos homens. A seguinte declaração foi dirigida por um juiz civil a um homem de Oberlin que estava em julgamento por ajudar um escravo a fugir:

> "Um homem de sua inteligência deve saber que, se o padrão do que é certo é colocado acima e contra as leis da nação, aqueles que se levantam por ele são tudo menos bons cidadãos e bons cristãos... Sua conduta é criminosa e seu exemplo é perigoso" (*Oberlin: The Colony and the College*, p. 125).

O desejo de reformar despertado pela integração do conhecimento: — O segredo do sucesso dos professores de Oberlin em despertar os alunos para tomar uma posição sobre essa questão controversa, e adotar atitudes que fizeram deles líderes de um movimento prático para despertar a mente das pessoas para a terrível maldade da escravidão, como instituição, residia no fato de Oberlin não realizar seus programas de estudo e aulas segundo os planos estereotipados comuns das escolas ao seu redor. Pelo contrário, em todas as ocasiões, Oberlin relacionava esse assunto com as atividades diárias de sala de aula. Um dos inimigos de Oberlin entendeu esse segredo na época e escreveu:

> "Com a aritmética é ensinado o cálculo do número de escravos e seu valor *per capita*; com a geografia, as linhas territoriais e as localidades de territórios escravagistas supostamente favoráveis à emancipação; com a história, as crônicas daquela instituição peculiar; com a ética e a filosofia, a lei superior e a resistência a decretos federais. Assim, os graduados de Oberlin são mestres da arte do abolicionismo e, ao receberem seus títulos, estão preparados para avançar um ou dois passos a mais se a ocasião o requerer... Eles imaginam que estão fazendo o serviço de Deus. Pode haver alguma desculpa para eles (os estudantes), mas não há nenhuma para seus instrutores. Duvidamos de que haja para ambos os grupos. Enquanto Oberlin florescer e educar 1.250 estudantes por ano, homens e mulheres abolicionistas continuarão a se multiplicar" (*The Story of Oberlin*, p. 265).

Sempre foi o plano de Deus, conforme ilustrado pelas escolas dos profetas, que a escola cristã fosse um centro de formação no qual reformadores pudessem florescer, desenvolver-se e partir de lá com a chama de um zelo prático, e entusiasmados para assumir seu lugar como líderes nessas reformas. É Seu propósito que os professores sejam líderes na obra de reforma, possuidores de suficiente inventividade e adaptabilidade para estabelecer uma conexão vital entre cada aula e as reformas. Esse foi o método que tornou Wittenberg o centro da Reforma do século XVI.

O medo de aceitar e operar reformas — uma marca do sistema papal de educação: — Sempre foi a política do papado esterilizar a mente dos professores para que eles não pudessem ser impregnados com ideias de reforma. O sistema papal de educação torna-os satisfeitos em repetir lições predefinidas a seus alunos, conforme eles próprios as aprendem na escola, sem qualquer reflexão em termos de aplicação prática. Os alunos, por sua vez, saem a ensinar a outros a mesma rotina que aprenderam, e assim o círculo vicioso continua, sempre aprendendo, mas nunca chegando a lugar algum.

Macaulay descreve assim esse sistema:

> "A filosofia antiga era uma tarefa monótona e árdua, e não um caminho. Ela era composta de questões cíclicas sobre controvérsias que sempre recomeçavam. Era um sistema habilmente constituído para muito esforço e nenhum progresso. ... A mente humana, portanto, em vez de marchar, apenas marcava passo. Exigia-se dela um esforço mínimo o suficiente para mantê-la em movimento, mas mesmo assim permanecia no mesmo local. Não havia acúmulo de verdades. ... Havia muita aradura, aplanamento do solo, colheita e debulha. Mas os celeiros continham apenas sujeira e restolho" ("Essay on Francis Bacon", *The Edinburgh Review*, p. 344, 345).

Qualquer escola que, como Oberlin, tem o poder de despertar seus alunos para realizar uma reforma para a qual Deus está chamando, deve esperar se defrontar com a mesma oposição amarga por parte dos que se contentam com a mera forma da educação cristã sem o poder do Espírito. Esses são fontes sem água, nuvens sem chuva, palavras sem ideias, lâmpadas sem óleo.

A oposição desperta a investigação conducente à amizade: — Nos dias em que Thomas Jefferson estava enfrentando as críticas mais severas por causa das reformas educacionais que defendia, ele encontrou simpatizantes de suas reformas mesmo nas escolas mais conservadoras. Por exemplo, o Prof. George Ticknor, membro do corpo docente de Harvard, fez um estudo cuidadoso a respeito dos pontos de vista de Jefferson sobre educação. Ele surpreendeu seus amigos, viajando quase mil quilômetros de diligência e nos transportes mais lentos daquele período, suportando "com paciência o incômodo das estradas ruins e o desconforto de más pousadas. ... Em que ele pensava quando fez essa longa viagem para o Sul? Ele estava indo ver a nova universidade 'um tanto aberta' de Jefferson, e acerca dela escreveu que "achou 'o sistema' 'mais prático' do que desconfiava; descobriu 'uma experiência digna de ser empreendida.'" (*Thomas Jefferson and the University of Virginia*, p. 129).

A frequência a Oberlin: um mistério: — Vimos o ciúme e a atitude crítica de muitos líderes em relação a Oberlin. Era difícil para Oberlin suportar a provocação que constantemente era lançada contra ela, mas Deus olhava com prazer para a maneira como essa instituição enfrentava a perseguição.

> "No geral, pouco esforço foi empreendido para forjar ou empunhar armas de defesa. Ela ia avante com paciência e persistência, cuidando de seus próprios interesses e fazendo o seu próprio trabalho à sua própria maneira, tendo a certeza de que a plena vindicação acabaria por vir. Primeiramente, em todo o tempo, ela desfrutava do conforto de saber que amigos dedicados e admiradores não faltavam, e podia constatar que um sucesso fenomenal em muitos pontos havia sido alcançado. Ela estava lotada de estudantes de ambos os sexos. Esse mesmo crescimento surpreendente e sem precedentes, apesar da extrema pobreza e de alguns erros e falhas graves, apesar de um grande número de inimigos cuja força unida parecia avassaladora, constituía um mistério que o mais sábio de seus caluniadores não era capaz de resolver. Um deles expressou esse fato desconcertante ao Sr. Finney nestes termos: 'Sempre se entendeu que nenhuma instituição poderia prosperar ou alcançar o sucesso sem ter a simpatia e a cooperação tanto das igrejas como dos ministros. No caso de vocês, a maioria deles tem se mantido indiferente ou ativamente hostil; e, todavia, vocês mantiveram alunos, professores, edifícios e doações muito superiores às de seus vizinhos mais afortunados. Não podemos compreender isso de jeito algum.'" (*The Story of Oberlin*, p. 263).
>
> "Nenhuma instituição educacional pode colocar-se em oposição aos erros e corrupções deste século degenerado sem receber ameaças e insultos. Mas o tempo colocará tal instituição sobre uma plataforma elevada, tendo a segurança divina de que ela tem agido corretamente" (Ellen G. White, *General Conference Bulletin*, 1901, p. 454).

Seleção e Treinamento de Professores

Sem dúvida, mais falhas têm ocorrido nas reformas educacionais e nas escolas por causa da incapacidade dos fundadores em selecionar professores simpatizantes da educação cristã, e com a capacidade de ensinar os ramos essenciais do saber, conforme a direção dos anjos que esperam cooperar no ensino de cada classe, do que através de qualquer outra fraqueza em particular. Professores têm sido empregados em escolas cristãs "que poderiam ir bem numa instituição secular de aprendizagem", mas que não poderiam seguir o padrão divino conforme revelado aos fundadores. Por essa razão, muitas escolas estabelecidas pelos reformadores logo seguiram o padrão das escolas populares.

> "Deus revelou-me que estamos em real perigo de trazer para nossa obra educacional os costumes e modas que prevalecem nas escolas do mundo" ("The Madison School," p.28).
>
> "Que diretores, professores e auxiliares não retornem à sua maneira habitual de deixar que sua influência negue os próprios planos que o Senhor apresentou como os melhores para a educação física, mental e moral da nossa juventude. O Senhor exige que avancem" (*The Spalding and Magan Collection*, p. 204 [27 de dezembro de 1901]).

Oberlin foi terrivelmente pressionada por seus próprios irmãos que eram ignorantes da natureza e valor da luz educacional que Deus tão generosamente lhe revelara. Mas severas como fossem as críticas e as pressões externas, Oberlin poderia levar avante o plano de Deus na preparação de um exército de missionários para proclamar o clamor da meia-noite, não fosse o caso de alguns de seus professores terem continuado a se apegar aos princípios e métodos das escolas mundanas. O germe que finalmente a fez cambalear em seu caminho foi inoculado em seus órgãos vitais por membros de seu próprio corpo docente. Um exemplo dos muitos que poderiam ser dados é suficiente para tornar clara essa questão.

> "O Prof. J. P. Cowles nunca olhou com favor para tais excentricidades dietéticas; ele não tinha escrúpulos em ridicularizar ou de se opor a elas, e como ele mesmo afirma, fornecia caixas de pimenta mantendo as mesas supridas com pimenta durante meses, embora a prudente comissão diretiva por fim as tenha retirado" (*The Story of Oberlin*, p. 422).

A influência desse professor, juntamente com outros que se opunham à posição do diretor Finney em relação à pimenta e outros condimentos, ao chá, café, alimentos cárneos, etc., os quais falharam em efetuar essa reforma de saúde como cunha de entrada, é assim declarada:

> "Sob a pressão desse temor desmedido, correram com precipitada e confusa pressa de volta às suas panelas de carne; e ali, sob a influência estimulante de infusões frescas de arbusto chinês [*Cassinia arcuata*], do feijão Mocha, e com a ingestão desenfreada de carne de porco e do caldo de coisas abomináveis, conseguiram impedir a necessária obra de renovação" (*Ibid.*, p. 424).

A oposição externa, penosa; a interna, grave: — A perturbação, os escárnios e as falsidades de pessoas fora dos muros de Oberlin, que não tinham simpatia por suas reformas, foram desagradáveis e se constituíram em sérios obstáculos, mas a oposição de certos professores que estavam continuamente minando o amor e o respeito dos alunos pela reforma de saúde foi fatal para o progresso em todas as reformas. Ao ceder na questão da reforma de saúde, Oberlin começou a abandonar suas reformas, uma a uma, até que se tornou incapaz de enfrentar a provação de 1844. Assim, Oberlin falhou em sua grande missão para a qual foi convocada pelo primeiro anjo, porque alguns de seus professores não tinham simpatia pela educação cristã. Nas reformas com as quais o corpo docente concordava, Oberlin alcançou um recorde mundial.

A escola de Jefferson acabou falhando em suas reformas, porque ele foi imprudente o suficiente ao selecionar um grande número de professores das universidades europeias para compor o corpo docente da Universidade de Virgínia. Por mais sábio que Jefferson tenha sido em muitas questões importantes, ele se mostrou fraco nesse ponto, e é dito que

> "Washington colocou objeções; ele duvidou da conveniência de importar um corpo de professores estrangeiros que estariam inclinados a trazer ideias das escolas europeias em desacordo com os princípios da democracia", os quais Jefferson queria que fossem fundamentais em sua escola. (*Thomas Jefferson and the University of Virginia*, p. 45).

Foi por essa mesma razão que os reformadores puritanos leais perderam seu domínio sobre esses princípios que teriam preparado seus descendentes para o clamor da meia-noite. Eles estabeleceram várias escolas como Harvard e Yale que, durante anos, foram reconhecidas como escolas bíblicas; contudo, elas estavam sob a influência de professores que, como vimos, trouxeram-lhes os princípios papais de educação procedentes de

Oxford, Eton e outras escolas europeias, e tal conjuntura finalmente destruiu o desejo de reforma. Se há um ponto acima de todos os demais acerca do qual os adventistas do sétimo dia têm sido advertidos, é justamente esse. Destroços da educação cristã jazem espalhados ao longo do caminho, justamente porque professores se opuseram a reformas, como fez aquele professor de Oberlin que insistia em colocar caixas de pimentas sobre as mesas, e ridicularizava a reforma de saúde e seus defensores. É possível que alguns professores adventistas do sétimo dia tenham usado suas caixas de pimenta, cheias das observações as mais picantes e cáusticas contra as reformas educacionais?

> "É muito difícil adotar corretos princípios de educação depois de estar por tanto tempo habituado aos métodos populares. A primeira tentativa para mudar antigos costumes trouxe duras provas aos que queriam trilhar o caminho que Deus indicara. Foram cometidos erros e houve grande prejuízo. Tem havido obstáculos cuja tendência é conservar-nos numa orientação comum, mundana e impedir-nos de assimilar os verdadeiros princípios educacionais... Alguns professores e administradores apenas meio-convertidos são pedras de tropeço a outros. Aceitam alguns pontos e fazem reformas pela metade; mas, ao vir maior conhecimento, recusam-se a avançar, preferindo trabalhar segundo as próprias ideias... Os reformadores têm sido entravados, e alguns deixaram de insistir nas reformas. Parecem impotentes para impedir a corrente de dúvidas e críticas... Precisamos agora recomeçar novamente. Cumpre-nos entrar nas reformas com alma, coração e vontade. Os erros podem estar encanecidos pela idade; esta, porém, não torna o erro verdade, nem a verdade erro" (*Testemunhos para a Igreja*, Vol. 6, p. 141-142).

O espírito dos reformados: — Nos dias em que as escolas dos profetas floresciam, o homem encarregado delas era chamado de "pai", e os estudantes eram conhecidos como "filhos". Nos tempos do Novo Testamento, um dos maiores professores, superado apenas pelo próprio Mestre, fala com carinho de "Timóteo, meu verdadeiro filho na fé", e de "Tito, meu verdadeiro filho, segundo a fé comum", e "meus filhos, por quem, de novo, sofro as dores de parto". Ele enfatiza ainda mais a diferença entre o professor verdadeiro e o instrutor contratado, dizendo: "Porque, ainda que tivésseis milhares de preceptores em Cristo, não teríeis, contudo, muitos pais; pois eu, pelo evangelho, vos gerei em Cristo Jesus". É esse espírito de paternidade da parte do professor que conduz ao sucesso.

Emerson disse: "Uma instituição é a sombra alongada de um homem". Esse homem é o "pai".

Já vimos que muitos dos fracassos da reforma educativa devem ser lançados aos pés de professores tímidos, descrentes e conservadores. Sempre que se veem o verdadeiro sucesso e a produção de frutos de um movimento de reforma educacional, constata-se que um ou mais professores serviram como pais ou mães nesse empreendimento. Via de regra, precisamos reconhecer que uma escola que é obrigada a sofrer mudanças frequentes de professores ou de gestão vai produzir poucos resultados em termos de firme e saudável reforma educacional. Lutero e Melanchthon eram os pais de Wittenberg e, enquanto ali permaneceram, a instituição foi um poder reformador por toda a Europa.

Jefferson como pai: — Quando estava com 83 anos de idade, Jefferson viajava entre treze e dezesseis quilômetros no lombo de um cavalo por uma estrada montanhosa acidentada até a Universidade de Virgínia. "Isso mostra o profundo interesse e cuidado que tinha por esta filha de sua avançada idade, e por que ele preferia o título mais afetuoso de 'pai' ao de fundador". Ele conservou esse sentimento paternal ao longo dos últimos anos de sua vida, pois costumava recepcionar os estudantes no jantar de domingo em sua própria casa.

> "Eles podiam ser jovens e tímidos, mas ele sabia de que condado haviam vindo, conhecia os homens com quem eles estavam familiarizados, e se entregava tão completamente à família de estudantes que eles logo se sentiam em casa" (*Thomas Jefferson and the University of Virginia*, p. 216).

Oberlin tinha seus próprios pais: — Oberlin nunca poderia ter feito o que fez se lhe tivesse faltado esse espírito de paternidade. A relação dos fundadores para com a instituição, quando foi concebida em suas mentes, é expressa nestas palavras quando eles se levantaram da oração: "Bem, a criança é nascida, e qual será o seu nome?" (*The Story of Oberlin*, p. 81). O amor deles por essa criança se manifestou da mesma forma que o de um pai que expressa amor por sua prole; eles trabalharam, se sacrificaram e sofreram por anos, sem pensar em remuneração. É dito acerca do corpo docente de Oberlin:

> "Entre eles havia uma convicção que nada poderia abalar, que os professores deveriam avançar 'pela fé' em matéria de salário; ou seja, não se deveria insistir em qualquer obrigação legal de pagar-lhes

> qualquer soma definida, mas que se contentariam em receber qualquer coisa disponível na tesouraria" (*Ibid.*, p. 284).

O espírito de paternidade por parte dos homens de Oberlin é revelado na seguinte experiência de um obreiro:

> "[Ele] estava tão satisfeito com o que presenciou, em termos de fervor religioso e simplicidade democrática, que não muito tempo depois de lançar sua sorte com os colonos, investiu vários milhares de dólares de seus próprios recursos, ou que obteve solicitando a seus amigos. Depois de eleito como um dos administradores, ele se tornou prolífico em empreendimentos financeiros" (*Idem*).

O espírito de paternidade não significa apenas se sacrificar no que diz respeito a salário, mas utilizar o próprio dinheiro e solicitar ajuda de amigos.

O Sr. Finney também demonstrou essa mesma relação com a instituição. Muitos tentaram seduzi-lo com o que eles gostavam de chamar de "campos mais importantes" ou "melhor remuneração", mas ele permaneceu como diretor da escola por mais de quarenta anos. Como Elias chamou Eliseu para deixar o arado a fim de assumir uma posição de subordinação na escola dos profetas, com o fim de ser treinado para se tornar um pai quando Elias partisse, assim Finney chamou Fairchild, um jovem que havia se formado em Oberlin. A Fairchild foram posteriormente oferecidas posições populares e lucrativas, mas ele preferiu permanecer em Oberlin como subordinado do Dr. Finney, ganhando quatro dólares por semana, e ali recebeu o treinamento que o levou à direção da escola quando Finney se aposentou. A ligação de Fairchild com a escola durou mais de sessenta anos.

Cada um desses homens tinha uma visão. Seus alunos tinham visão. Os pais e mães de Oberlin amavam seus filhos, e o exemplo deles teve efeito duradouro nos estudantes, pois eles iam a todos os lugares com o mesmo espírito para criarem empreendimentos para a salvação de almas. Nunca hesitavam porque determinado campo era considerado difícil. Eram leais no campo dificultoso assim como seus professores antes deles haviam sido fiéis a Oberlin. Isso levou os estudantes a dizer: "Daqui por diante, a terra que mais necessita de minha ajuda será meu país".

Andando com Deus, mas não com um coração perfeito: — Sobre certos reis de Judá está escrito que eles "fizeram o que era justo à vista do Senhor, mas não com um coração perfeito". Deus usou o Prof. Finney e lhe deu uma visão da condição espiritual das igrejas populares. Ele sabia quais seriam os resultados se elas não se reformassem.

> "O Prof. Finney do Oberlin College disse: 'As igrejas em geral se estão degenerando lamentavelmente. Elas se têm afastado muito do Senhor, e Ele tem se retirado delas.'" (*O Grande Conflito*, p. 377).

Stewart, Shipherd, o diretor Mahan, todos fundadores de Oberlin, entenderam a situação tão bem quanto o Prof. Finney. Todos eles reconheceram que a única maneira sensata de promover uma reforma permanente nas denominações protestantes era através de um sistema de educação cristã, pois "a esperança do futuro trabalho missionário encontra-se nos jovens". Esses homens combateram o bom combate. Foram todos reformadores da mais alta categoria. Pertencem à mesma estirpe de homens como Guilherme Miller, Fitch, Himes e outros.

Oberlin ouve a mensagem do primeiro anjo pregada por Guilherme Miller e Charles Fitch: —

> "Guilherme Miller, depois de haver descoberto coisas muito maravilhosas em Daniel e Apocalipse, prosseguiu durante meia geração para virar o mundo de cabeça para baixo na preparação para o fim desta dispensação, que o profeta-fazendeiro fixou para 1843" (*The Story of Oberlin*, p. 66).
>
> "O Pr. Charles Fitch veio pregar a doutrina da imediata segunda vinda de Cristo. Ele era um homem muito amigável, intensamente sincero, profundamente convencido da verdade de sua mensagem, e sentiu-se chamado a trazer maior luz ao precioso povo de Oberlin" (*Oberlin: The Colony and the College*, p. 86).

Os fundadores ficaram bastante tocados, assim como muitos dos estudantes. Mas já vimos a fraqueza por parte de alguns professores de Oberlin em relação a reformas anteriores. Vimos o espírito terrivelmente amargo manifestado pela maioria dos líderes denominacionais. Essas atitudes quase esmagaram as reformas de Oberlin até que ela se tornou incapaz de satisfazer as exigências maiores para as quais o clamor da meia-noite lhe chamou a atenção. O Oberlin College não foi perfeito em seu coração, mas Deus recompensou a instituição pela fidelidade que havia mostrado, e ela se tornou um poderoso fator em certas reformas na história do mundo, apesar de não participar da mais importante de todas as reformas — a terceira mensagem angélica. É bom que os adventistas do sétimo dia se lembrem das coisas que aconteceram em Oberlin, como exemplo para aqueles sobre quem os fins dos tempos são chegados. Os professores de Oberlin não "romperam todo jugo" de uma educação mundana, mas "colocaram sobre o pescoço de seus alunos jugos mundanos em vez do jugo de Cristo". É-nos dito: "O plano das escolas que havemos de estabelecer nesses anos finais da obra deve ser de ordem inteiramente diversa das que temos instituído", mas Oberlin decidiu seguir os métodos adotados nas escolas estabelecidas mais antigas. Essa instituição cedeu à pressão e assim começou aquele "apego aos velhos costumes, e, por isso, nos achamos bem aquém de onde devíamos estar no desenvolvimento" da obra de Deus. Os homens de Oberlin, pouco antes de chegar o seu teste, deixaram de compreender o propósito de Deus nos planos colocados diante deles para a educação de seus obreiros. "Adotaram métodos que retardaram a obra de Deus. Passaram-se anos para a eternidade, com pequenos resultados, que poderiam ter presenciado a realização de uma grande obra". Oberlin, cedendo à oposição, incapacitou-se para levar a mensagem da verdade presente em toda a sua plenitude a outros países, "porque falhou em romper todo jugo educacional". Falhou, por fim, em "entrar na linha da verdadeira educação"; como resultado, não pôde dar a mensagem final ao mundo.

3. Algumas Experiências Educacionais dos Adventistas do Sétimo Dia

A condição das denominações protestantes em 1844 é ilustrada pelas cinco virgens néscias. Quando o clamor da meia-noite foi dado na primavera daquele ano, a maioria dos líderes dessas denominações tomou posição contra ele. Durante os dias de preparação, eles haviam falhado "em compreender a verdadeira ciência da educação", e não estavam prontos quando o clímax chegou. Alguns de seus próprios reformadores educacionais haviam se esforçado para preparar as denominações para esse grande evento, mas esses homens do ramo educacional sofreram oposição e foram repelidos por seus líderes eclesiásticos. Portanto, os líderes da igreja não estavam prontos para aceitar a mensagem do primeiro anjo. Houvessem as denominações protestantes entrado "na linha da verdadeira educação", teriam aceito a primeira mensagem angélica. Isso as teria unido num só corpo novamente.

> "A igreja de novo teria atingido o bendito estado de unidade, fé e amor que existia nos dias apostólicos, em que era um o coração e a alma dos crentes" (*O Grande Conflito*, p. 379).

As denominações populares haviam sido chamadas pelo Senhor para preparar o mundo para a segunda vinda de Cristo. Elas se recusaram a obedecer, e "aproximadamente cinquenta mil se retiraram das igrejas" (*Ibid.*, p. 376). Desse número, surgiram alguns cristãos robustos, ousados e fiéis que se tornaram os fundadores e líderes da Igreja Adventista do Sétimo Dia. A maioria desses líderes vigorosos "tinha pouca instrução escolar". Eles haviam recebido sua educação "na escola de Cristo, e sua humildade e obediência os tornaram grandes" (*Ibid.*, p. 456). Eles se formaram por esforço próprio e não tiveram necessidade alguma de gastar muito tempo em desaprender a sabedoria assim recebida, trocando-a por aquele sistema de educação que causou a ruina das denominações protestantes em 1844.

O Pr. Tiago White, em seu livro sobre a vida de Guilherme Miller, expressa nas seguintes palavras sua avaliação do sistema educacional que representou a ruína dos protestantes:

> "Qual teria sido agora o efeito do que é chamado de curso regular de educação? ... Teria ele realizado seu trabalho adequado, o de discipular, ampliar e abastecer a mente, deixando intactas, durante o processo educativo, suas energias naturais, sua autodependência e seu senso de dependência e responsabilidade para com Deus? Ou será que o teria colocado [Guilherme Miller] nas fileiras apinhadas daqueles que se contentam em partilhar a honra de repetir as tagarelices, sejam verdadeiras ou falsas, que passam por verdades na escola ou seita que os tornou o que são?" (*Sketches of the Christian Life and Public Labors of William Miller*, p. 15, 16).

Os Adventistas do sétimo dia chamados para ser reformadores: — Esses bravos reformadores cristãos estavam agora diante de uma situação semelhante à enfrentada pelos refugiados cristãos que fugiram da Europa para o litoral da América buscando a implantação de uma nova ordem de coisas. Mas "os reformadores ingleses, conquanto renunciassem às doutrinas do romanismo, retiveram muitas de suas formas" (*O Grande Conflito*, p. 289). Os fundadores da Igreja Adventista do Sétimo Dia tinham deixado igrejas apóstatas e, como os reformadores ingleses, ficaram impressionados com a condição dessas igrejas, mas, embora denunciassem as doutrinas papais encontradas nas igrejas protestantes apóstatas, não conseguiram perceber todos os erros dessas igrejas. Os reformadores de 1844 também sofreram perseguição, como aconteceu com os reformadores ingleses antes de virem para este país. Deles é dito: "Muitos eram perseguidos por seus irmãos descrentes" (*Ibid.*, p. 372).

Durante os primeiros poucos anos da história da Igreja Adventista do Sétimo Dia, encontramos os fundadores pesquisando a Bíblia em busca das grandes doutrinas fundamentais da terceira mensagem angélica, que revelavam falsas doutrinas e certas falácias que haviam se introduzido nas igrejas populares; eles estavam escrevendo e publicando essas sãs doutrinas para o mundo e desenvolvendo uma organização cristã. Eles fizeram bem o seu trabalho.

Mas o que estava sendo feito para a educação das crianças e dos jovens durante esse período de formação? Muitos deles estavam frequentando as mesmas escolas que antes haviam treinado homens para repudiar a luz da primeira mensagem angélica. Muitos dos reformadores ficaram perturbados com a situação. Começaram a entender que, se mantivessem as crianças nessas escolas, com o tempo, elas seriam levadas a considerar a verdade como seus professores que não demonstravam nenhuma simpatia para com a mensagem.

Luz veio de Deus sobre o problema da educação. Os pais adventistas do sétimo dia foram instruídos a tirar os filhos das escolas públicas, e estabelecer escolas que ofereciam formação cristã.

> "Ao me ser mostrado pelo anjo de Deus que se deveria estabelecer uma instituição para a educação de nossos jovens, vi que esse seria um dos maiores meios ordenados por Deus para a salvação de almas" (*Christian Education*, p. 25).

Estabelecer escolas parecia uma tarefa grande demais para a maioria de nosso povo naquela época. O sentimento era semelhante ao dos filhos de Israel diante do desafio de conquistar Canaã. Muitos filhos de lares adventistas foram retirados das escolas do mundo, mas a igreja não teve fé para estabelecer escolas e apegar-se à promessa do Senhor de prover professores cristãos. Então, por um tempo, as crianças ficaram sem as vantagens de uma educação formal. Os pais perceberam que algo devia ser feito, mas como não tinham fé para obedecer à Palavra de Deus nessa questão, gradualmente colocaram os jovens de volta nas escolas mundanas. Assim começaram as vagucações dos adventistas do sétimo dia no deserto da educação mundana. Eles deixaram de compreender "a verdadeira ciência da educação". A obra foi retardada, e, "por causa disso, estamos muito aquém de onde deveríamos estar no desenvolvimento da mensagem do terceiro anjo". Essa experiência ocorreu por volta de 1860; em 1901, quarenta anos depois, veio esta mensagem: "É o começo da reforma educacional".

A seguinte instrução foi dada durante as peregrinações no deserto educacional:

> "Deveriam ter sido tomadas providências nas gerações passadas para uma obra educacional em maior escala. Ligados às escolas, deveria ter havido estabelecimentos de manufatura e de agricultura, como também professores de trabalhos domésticos. E uma parte do tempo diário deveria ter sido dedicada ao trabalho, de modo que as faculdades físicas e mentais pudessem exercitar-se igualmente. Se escolas tivessem sido estabelecidas de acordo com o plano que mencionamos, não haveria agora tantas mentes desequilibradas... Se o sistema de educação de gerações passadas tivesse sido conduzido de acordo com um plano totalmente diferente, a juventude desta geração não estaria agora tão depravada e inútil" (*Christian Education*, p. 18, 11).

Com base nos registros da *Review and Herald*, concluímos que houve considerável agitação sobre questões educacionais até a fundação do Colégio de Battle Creek, em 1874. Nessa época, muitos dos líderes começaram a entender mais amplamente os resultados do terrível erro cometido em não seguir as instruções dadas na década de cinquenta em relação à educação. A necessidade de escolas era evidente. O irmão A. Smith, escrevendo para a *Review and Herald* (vol. 40, no. 2), disse:

> "Qualquer um que tenha a mínima familiaridade com nossas escolas comuns, está consciente de que a influência resultante de se associar com elas é terrível sobre o comportamento dos nossos filhos. ... Eu não sei por que moças não poderiam receber uma qualificação por meio de um programa de estudos em Battle Creek a fim de servirem como professoras em escolas selecionadas em nossas grandes igrejas".

Temos aqui uma sugestão para a criação de escolas paroquiais.

Uma escola paroquial foi fundada em Battle Creek por volta dessa época. O professor que foi o principal articulador nesse empreendimento era um reformador educacional; e se a reforma que ele defendia houvesse sido acolhida favoravelmente e praticada de forma inteligente, os adventistas do sétimo dia teriam saído do deserto educacional muito antes do que o fizeram. As ideias sobre educação que esse homem possuía eram semelhantes às reformas ensinadas antes de 1844. Deus desejava que, quando a obra educacional de fato começasse entre os adventistas do sétimo dia, ela deveria ser estabelecida sobre um fundamento pelo menos igual ao que marcou o movimento de reforma educacional anterior a 1844. Deus enviara para os adventistas do sétimo dia um educador que havia aceitado a mensagem do terceiro anjo, e que estava pronto para começar a obra educacional entre nós a partir do estágio em que as reformas educacionais haviam parado antes de 1844. Essa reforma, se acatada, teria colocado a obra educacional dos adventistas do sétimo dia numa posição diante do mundo correspondente à que a obra hospitalar dos adventistas do sétimo dia possuía. O primeiro sanatório adventista do sétimo dia rapidamente se alinhou com todas as ideias avançadas ensinadas e praticadas antes de 1844. E se há uma coisa, acima de outras, que tem tornado os adventistas do sétimo dia distintos perante o mundo, trata-se de seus princípios da reforma de saúde e a obra hospitalar. Eles tiveram igual oportunidade no mundo educacional.

As seguintes palavras mostram a gravidade do erro que foi cometido quando esse reformador educacional, que tinha chegado em nosso meio, foi criticado e rejeitadas as suas reformas:

> "Em termos de educação, o século atual se caracteriza pela superficialidade e ostentação. O irmão _______ possui um interesse natural por planejamento e organização, que se lhe tornaram um hábito graças a toda uma vida de preparo e disciplina. Ele foi aprovado por Deus agindo assim. Seus trabalhos são de real valor, porque ele não permite que os estudantes sejam superficiais. No entanto, logo que iniciou seu trabalho no sentido de estabelecer uma escola, ele enfrentou muitos obstáculos. ... Alguns pais negligenciaram o sustento da escola, e seus filhos não respeitaram o professor porque ele usava roupa humilde. ... O Senhor aprovou de modo geral o procedimento do irmão _______, ao lançar ele os fundamentos para a escola que está agora em atividade" (*Testemunhos para a Igreja*, Vol. 5, p. 90, 91).

Essa escola paroquial veio a tornar-se o Colégio de Battle Creek.

O Colégio de Battle Creek deveria ter sido estabelecido no campo: — Os promotores do Colégio de Battle Creek foram instruídos a estabelecer a escola numa grande extensão de terra, onde várias indústrias poderiam ser criadas e a escola se tornasse uma instituição de formação manual, sendo conduzida de acordo com as ideias educacionais reformadoras. A declaração a seguir, que aparece no *Boletim da Conferência Geral* de 1901, página 217, foi feita pelo Pr. Haskell, e dizia respeito à fundação do Colégio de Battle Creek:

> "Lembro-me do tempo em que o terreno atual foi selecionado para a localização do Colégio aqui em Battle Creek. ... A irmã White, falando à comissão responsável pela escolha do local, disse: 'Erija-se a escola num terreno distante da cidade densamente habitada, onde os alunos possam trabalhar a terra.'"

No mesmo Boletim da Conferência Geral, às páginas 115 e 116, encontra-se a seguinte declaração da Sra. White sobre a localização do Colégio de Battle Creek:

> "Alguns podem ficar incomodados por causa da transferência da escola de Battle Creek, mas não precisam ficar assim. Essa mudança está de acordo com o plano de Deus para a escola antes de a instituição ser criada, mas os homens não conseguiam enxergar como isso poderia ser feito. Havia muitos que diziam que a escola deveria estar em Battle Creek. Agora dizemos que ela deve ir para outro

> lugar. A melhor coisa a fazer é desfazer-se dos prédios da escola aqui, assim que possível. Que se comece imediatamente a procurar um lugar onde a escola possa ser construída dentro dos moldes corretos. ... Obtenha-se uma extensa faixa de terra e ali se comece o trabalho que solicitei que fosse iniciado antes de a escola ser estabelecida aqui. ... Nossas escolas deveriam estar localizadas longe das cidades, numa extensa faixa de terra, para que os estudantes tenham a oportunidade de fazer trabalho manual".

Do acima exposto, vemos que, quando o Colégio de Battle Creek foi estabelecido, não havia suficiente fé e coragem para erguer uma instituição de ensino entre os adventistas em área rural, numa fazenda, onde os reformadores educacionais anteriores a 1844 haviam localizado suas escolas. A causa dessa incapacidade de valorizar o sistema educacional para o qual Deus os estava chamando deveu-se ao fato de que os líderes da denominação haviam recebido sua educação em escolas que haviam repudiado as ideias de reforma defendidas antes de 1844. A importância da formação manual e reformas afins não havia se firmado na mente deles como ocorreu com Oberlin, que, durante sua experiência de reforma, inculcou essas ideias na mente de seus alunos. Então, também os adventistas do sétimo dia, muitos anos antes da criação de sua primeira instituição educacional, não tiveram fé para obedecer a Deus na criação de escolas simples, segundo o plano correto, para educar as crianças que deveriam ter sido retiradas das escolas públicas. As crianças adventistas, cujos pais, por falta de fé, deixaram de tirá-las das escolas públicas, estavam agora entre os líderes da denominação. Sua fé e coragem quanto à reforma educacional eram débeis, e seus olhos estavam tão cegos para a verdadeira ciência da educação cristã quanto os de seus pais, que não lhes propiciaram escolas cristãs. A ideia é assim expressa:

> "Se pastores e professores tivessem plena consciência de sua responsabilidade, veríamos um diferente estado de coisas no mundo hoje, mas eles são demasiado estreitos em seus pontos de vista e propósitos. Não compreendem a importância do seu trabalho ou os seus resultados" (*Christian Education*, p. 24).

E assim, por causa da incredulidade, o primeiro colégio adventista foi estabelecido onde Deus disse que não deveria estar, e, em lugar dos princípios e métodos reformatórios da educação cristã, foram introduzidos os princípios, métodos, condutas, estudos e ideais dos colégios das denominações protestantes ao seu redor. Portanto, sob tais circunstâncias, era nessa instituição em que deveriam ser treinados os futuros missionários da denominação — os missionários que, ao prepararem os jovens para o alto clamor, deveriam evitar os erros que enlaçaram os jovens das denominações protestantes antes de 1844, quando era iminente o clamor da meia-noite.

Os resultados do fracasso: — Nossa primeira instituição de ensino logo começou a produzir uma abundante safra de frutos educacionais mundanos, e o Senhor claramente avalia a qualidade desses frutos e do sistema que os produziu, e fornece alguns sábios conselhos sobre qual o melhor rumo a seguir.

> "Se uma influência mundana vier a dominar nossa escola, seja ela então vendida aos mundanos, e assumam eles o total controle; e os que investiram seus recursos nessa instituição estabelecerão outra escola para ser dirigida, não de acordo com o plano das escolas populares, nem segundo a vontade de diretores e mestres, mas de acordo com o plano especificado por Deus. ... Nosso colégio está hoje numa posição que Deus não aprova" (*Testemunhos para a Igreja*, Vol. 5, p. 25, 27).

Uma oportunidade para reforma: — Não é nosso propósito entrar na história do Colégio de Battle Creek. Ele realizou muito bem, mas sua localização e o sistema educacional primeiramente adotado tornaram difícil a realização de uma reforma educacional cristã. No entanto, em diferentes ocasiões, foram feitos grandes esforços para promover reformas. A declaração a seguir conta de forma concisa toda a história do Colégio de Battle Creek:

> "Nossas instituições de ensino podem pender para a conformidade mundana. Podem avançar passo a passo em direção ao mundo; são, porém, prisioneiras de esperança, e Deus as corrigirá e iluminará, trazendo-as de volta à sua honrada posição de separação do mundo" (*Testemunhos para a Igreja*, Vol. 5, p. 25, 27).

O Colégio de Battle Creek, em Battle Creek, como o Israel do passado, oscilou, ora para frente, em direção ao plano de Deus, ora para trás, em direção ao sistema educacional mundano. Mas ele era um "prisioneiro de esperança" e, como já foi dito por Ellen White no *Boletim da Conferência Geral* de 1901, Deus o trouxe de volta à sua verdadeira posição. Em outras palavras, Ele o colocou na zona rural onde disse que a escola deveria ser fundada e onde ela poderia fazer avançar os princípios da educação cristã.

Vimos que Deus enviou claras e positivas instruções para guiar os líderes adventistas do sétimo dia quanto à localização e estabelecimento de seu primeiro colégio. Somos informados de que essa instrução não foi plenamente cumprida. A fé deles não foi forte o suficiente para tentar pôr em prática esse e outros importantíssimos e fundamentais princípios da educação cristã, tais como: o plano de tornar a Bíblia a base de todas as disciplinas ministradas; a rejeição da literatura prejudicial; a eliminação de cursos tradicionais e suas titulações; a incorporação da fisiologia como base de todo esforço educacional; o treinamento manual; o trabalho agrícola; a reforma no estilo dos edifícios, na alimentação, etc.

Os Adventistas do Sétimo Dia aderem à educação papal: — O fracasso deles em todas essas direções deveu-se à mesma experiência que causou o insucesso dos reformadores em estabelecer um fundamento para a obra educacional, a qual teria qualificado um exército de cristãos missionários para dar a primeira mensagem angélica. "Os reformadores ingleses, conquanto renunciassem às doutrinas do romanismo, mantiveram muitas de suas formas" (*O Grande Conflito*, p. 289). É do nosso conhecimento que, embora os reformadores ingleses tenham rompido com as doutrinas papais, em grande parte por ignorância dos resultados, eles não hesitaram em adotar em peso o sistema papal de educação. Eles pensaram que a introdução de pequenas fatias de ensino bíblico no sanduíche da educação adotada e a aromatização de seus ensinos com alguma instrução religiosa era tudo que precisavam para fornecer uma educação cristã. Estavam enganados. A longa história de fracassos espirituais neste país foi o fruto colhido. Como resultado dessa ignorância, as igrejas protestantes foram conduzidas ladeira abaixo a uma condição que muito se assemelhava ao próprio papado, e foram chamadas de Babilônia. Nossos próprios líderes adventistas do sétimo dia deixaram essas denominações protestantes como os reformadores ingleses haviam deixado as igrejas papais europeias. Eles romperam com as doutrinas papais mantidas pelas igrejas protestantes, assim como fizeram os reformadores ingleses. Mas, a exemplo deles, levaram consigo, das denominações protestantes, um sistema educacional que era papal em espírito. Os reformadores ingleses lutaram durante anos para deter a corrente de apostasia. Eles não compreenderam a filosofia do declínio de sua experiência religiosa. No entanto, os resultados vieram finalmente, terríveis, mas certos. Ficaram moralmente arruinados e foram postos de lado, porque haviam falhado em "entrar na linha da verdadeira educação". Uma bela perspectiva foi totalmente destruída pelas artimanhas do arqui-inimigo. Isso foi possível através da ignorância dos princípios da educação cristã por parte de muitos grandes e bons homens.

Nestes últimos dias, Satanás, se possível, enganará os próprios escolhidos. Há alguma razão por que ele não deveria usar o mesmo método que se tem mostrado tão eficaz em suas mãos através de todas as épocas, quer seja na subversão da igreja judaica e da igreja apostólica, quer por meio da neutralização, através dos jesuítas, da grande reforma do século XVI, ou mesmo ao frustrar os esforços dos reformadores ingleses que tentaram estabelecer na costa da América a igreja para sua luta final?

Vamos traçar novamente o sistema atual de educação mundana até sua fonte. O plano educacional do nosso primeiro colégio foi tomado emprestado, em grande parte, das escolas religiosas das denominações protestantes. Essas denominações receberam sua luz educacional das instituições de ensino mais antigas do país, como Harvard e Yale. Harvard e Yale, como vimos, a tomaram emprestada de Oxford e Cambridge. Oxford e Cambridge são filhas da Universidade de Paris. A Universidade de Paris, presidida unicamente pelos romanistas, era totalmente papal, e é a mãe das universidades europeias. Ela tomou emprestado seu sistema de ensino de Roma pagã. Roma pagã "assimilou em seu sistema os elementos das culturas grega e oriental". As escolas gregas extraíram sua sabedoria e inspiração do Egito.

> "Os antigos olhavam para o Egito como uma escola de sabedoria. A Grécia enviava para lá seus ilustres filósofos e legisladores — Pitágoras e Platão, Licurgo e Sólon — para completar seus estudos. ... Por isso, mesmo os gregos da antiguidade estavam acostumados a tomar emprestadas sua política e aprendizagem dos egípcios" (*A History of Education*, p. 32-34).

O Egito, portanto, deve ser reconhecido como a fonte de toda a sabedoria secular que vale a pena estudar. Este sistema secular de educação do Egito é certamente duradouro, ou não teria chegado até nós através dessas longas eras. Em essência, foi esse espírito filosófico egípcio que tornou tão atraente para os homens deste mundo a assim chamada literatura clássica. A sabedoria do Egito tem se mantido viva no mundo por alunos que, enquanto na escola, estudam sua filosofia e extraem sua inspiração a partir dos clássicos. É estranho dizer, mas o mais poderoso fator que tem contribuído para manter viva essa educação egípcia tem sido a própria igreja cristã. Por várias razões, em diferentes momentos, ela não só permitiu, mas encorajou os jovens a estudar esses escritos. Reiteradas vezes a igreja vem sendo enganada por essa sabedoria egípcia, assim como Eva foi enganada pelo conhecimento do bem e do mal. Os cristãos têm revestido essa filosofia sutil com trajes religiosos (você reconhece aqui o papado?), e a espalharam por toda parte.

Essa filosofia egípcia arruinou todas as igrejas até 1844, e os adventistas do sétimo dia foram informados de que "agora, como nunca antes, precisamos compreender a verdadeira ciência da educação. Se deixarmos de compreender isso, jamais teremos lugar no reino de Deus". É contra essa filosofia egípcia que Deus nos adverte nas palavras citadas acima. É exatamente essa filosofia, tão sutil, que Deus tem em mente quando adverte a igreja que "se possível, 'ele'[Satanás] enganaria os próprios escolhidos". Nós, jovens adventistas do sétimo dia, deveríamos estudar a pessoa de Moisés, que, "instruído em toda a sabedoria dos egípcios", graduado pela maior instituição educacional do mundo de então, e reconhecido como um gigante intelectual, abandonou todas as coisas que a educação egípcia lhe tornou possível desfrutar, e entrou na escola de treinamento de Deus no deserto.

> "Não foi o ensino das escolas do Egito que habilitou Moisés a triunfar sobre todos os seus inimigos, mas uma persistente e infalível fé, fé que não experimentou o fracasso sob as mais probantes circunstâncias" (*Fundamentos da Educação Cristã*, p. 345).

Depois de passar quarenta anos esquecendo sua educação secular e adquirindo a sabedoria de Deus, Moisés qualificou-se para estar à frente da maior escola de formação prática jamais conhecida. "Que escola de formação prática para a vida era aquela no deserto!" (*Educação*, p. 37). Foram necessários mais quarenta anos para que os alunos dessa escola rompessem o jugo do sistema educacional egípcio e entendessem "a verdadeira ciência da educação" para que pudessem ter um lugar na terra de Canaã.

Cristo chama homens para que abandonem o sistema egípcio de educação: — Mas a coisa mais importante para nós, jovens adventistas do sétimo dia, é estudar o grande Mestre, de quem se diz: "Do Egito chamei Meu Filho". Tão completamente foi o Filho de Deus chamado para fora do Egito que, quando criança, nunca lhe foi permitido frequentar até mesmo as escolas religiosas judaicas, visto estarem muito saturadas da educação egípcia secularizada. As crianças adventistas do sétimo dia têm igual oportunidade. Estudem a vida do Mestre na humilde escola do lar em Nazaré, na oficina e no campo, nas colinas e nos vales. Ele cresceu em sabedoria, até que, com a idade de doze anos, deslumbrou os líderes da igreja com o fruto de Sua educação cristã.

> "Observai os aspectos da obra de Cristo... Embora Seus discípulos fossem pescadores, Ele não aconselhou que frequentassem em primeiro lugar a escola dos rabis antes de iniciarem o trabalho" (*Fundamentos da Educação Cristã*, p. 359).

Por quê? Porque as escolas dos rabinos estavam cheias da filosofia grega e egípcia que cegam os olhos para verdades espirituais. Foi a um professor de uma dessas escolas que Cristo disse: "Importa-vos nascer de novo".

Deus nos pede que estabeleçamos escolas para nossos filhos a fim de que possam obter Sua sabedoria e entendimento mesmo em seus mais tenros anos. Os estudantes adventistas do sétimo dia deveriam afastar-se para sempre desse sistema de educação mundana — a sabedoria do Egito — que têm destruído as perspectivas de cada igreja cristã até o surgimento dos adventistas do sétimo dia. E nós, individualmente, estamos em perigo de cair nessa mesma sabedoria egípcia.

> "Encho-me de tristeza quando penso em nossa condição como povo. O Senhor não nos cerrou o Céu, mas nosso próprio procedimento de constante apostasia tem nos separado de Deus. ... E, no entanto, a opinião geral é que a igreja está florescendo, e que paz e prosperidade espiritual se encontram em todas as suas fronteiras. A igreja tem deixado de seguir a Cristo, seu Líder, e está constantemente retrocedendo rumo ao Egito" (*Testemunhos para a Igreja*, p. 217).

Antes de 1844, o Espírito de Deus enviou mensagens para as denominações protestantes, dizendo-lhes de sua condição em linguagem muito semelhante à que acabamos de citar. Elas deixaram de compreendê-la, porque, como vimos, o sistema papal de educação, que inadvertidamente introduziram em suas escolas paroquiais, havia extinguido sua visão espiritual e ensurdecido seus ouvidos à Palavra de Deus. Elas não entenderam "a verdadeira ciência da educação"; não entraram "na linha da verdadeira educação", e foram rejeitadas. Estudiosos da história da educação reconhecem a força desta afirmação: "A Igreja está constantemente retrocedendo rumo ao Egito", pois esse sistema papal de educação tem suas raízes no sistema filosófico e de aprendizagem egípcio, o qual Deus pediu que Seu antigo povo abandonasse para sempre. Percebendo os resultados alcançados por outras organizações cristãs, não é difícil ficarmos desanimados quando vemos nossa primeira escola moldada em grande medida segundo as escolas das igrejas populares, especialmente em vista do fato de que

> "os costumes e práticas da escola de Battle Creek passam a todas as igrejas, e as pulsações provindas do coração dela repercutem por todo o corpo de crentes" (*Fundamentos da Educação Cristã*, p. 223).

Mas temos a boa promessa do nosso Deus:

> "Nossas instituições de ensino podem pender para a conformidade com o mundo. Passo a passo podem elas avançar para o mundo; mas, são prisioneiras da esperança, e Deus as corrigirá e iluminará, trazendo-as de volta à sua honrada posição de separação do mundo. Estou observando com intenso interesse, esperando ver nossas escolas completamente imbuídas do espírito de religião pura e sem mácula. Quando os alunos estiverem assim imbuídos, verão que há uma grande obra a ser feita segundo o padrão seguido por Cristo, e o tempo que eles têm dedicado às diversões será empregado para a realização de diligente trabalho missionário" (*Ibid.*, p. 290 [9 de janeiro de 1894]).

Os Adventistas do Sétimo Dia foram chamados para ser reformadores: — Cada fiel adventista do sétimo dia, percebendo a linhagem de nossas instituições de ensino e a esperança que lhes é estendida, vai se esforçar para ajudar a colocar na posição correta cada escola que se achar em desarmonia com o plano divino. Todo método utilizado em nossas escolas deveria ser submetido ao teste divino. "À lei e ao testemunho! Se eles não falarem desta maneira, jamais verão a alva". Tudo o que não se provar genuíno deve ser descartado. Em lugar de tratar a situação superficialmente ou condescender com críticas reacionárias, como muitos trataram reformas do passado, especialmente as reformas de 1834-1844, estudemos com oração a seguinte instrução:

> "Precisamos agora recomeçar novamente. Reformas devem ser introduzidas com alma, coração e vontade. Os erros podem estar encanecidos pela idade; esta, porém, não torna o erro verdade, nem a verdade erro. Os antigos costumes e hábitos, como um todo, têm sido seguidos por demasiado tempo. O Senhor deseja agora que toda ideia falsa seja afastada de professores e alunos... Aquilo que o Senhor ensinou quanto à instrução a ser ministrada nas nossas escolas deve ser rigorosamente observado, pois, se não houver em alguns aspectos uma educação inteiramente diversa da que tem sido seguida em algumas de nossas escolas, não precisávamos ter gasto

> recursos para a aquisição de terras e a construção de edifícios escolares" (*Testemunhos para a Igreja*, Vol. 6, p. 142).

O Colégio de Battle Creek: modelo para outras escolas: — Como o Colégio de Battle Creek foi a primeira escola em nosso meio, seu exemplo foi seguido por praticamente todas as demais escolas estabelecidas pela denominação. Elas modelaram seus programas de estudo segundo o padrão adotado ali. Elas imitaram os seus métodos de ensino e, em grande medida, seguiram seu plano de localização e erigiram seus edifícios conforme o padrão seguido pela escola de Battle Creek.

> "Os costumes e práticas da escola de Battle Creek passam a todas as igrejas, e as pulsações desta escola repercutem por todo o corpo de crentes" (*Fundamentos da Educação Cristã*, p. 224).

Esses fatos devem nos ajudar a compreender melhor a declaração feita quando se decidiu transferir o Colégio de Battle Creek da cidade de Battle Creek para uma fazenda.

> "Estamos gratos pelo interesse mostrado em estabelecer escolas sobre um fundamento correto, conforme deveria ter sido feito anos atrás" (*General Conference Bulletin*, 1901, p. 455).

A segunda escola estabelecida entre os adventistas localizou-se em Healdsburg, Califórnia. Foi feita uma tentativa pelos organizadores dessa escola de seguir a instrução do Senhor na questão da localização. Embora Healdsburg não estivesse localizada na cidade, como havia sido o colégio de Battle Creek, todavia, seguindo o exemplo de Ló, os fundadores imploraram para ir a uma cidadezinha. O Colégio de Healdsburg situou-se nos arredores de uma pequena cidade. A despeito de os líderes se esforçarem para estabelecer o perfil de uma escola com trabalhos manuais, sua infeliz localização num pequeno pedaço de terra, a manutenção de cursos e respectivas titulações nos moldes tradicionais, e a forte influência exercida pelo Colégio de Battle Creek, logo fizeram com que Healdsburg se movesse em direção à conformidade com o mundo. Mas palavras de esperança também foram-lhe ditas:

> "Passo a passo podem elas avançar para o mundo; mas, são prisioneiras da esperança, e Deus as corrigirá e iluminará, trazendo-as de volta à sua honrada posição de separação do mundo" (*Fundamentos da Educação Cristã*, p. 290).

Mais de um quarto de século após seu estabelecimento, o Colégio de Healdsburg mudou-se para uma extensa área de terra próxima à Santa

Helena, Califórnia, e o colégio em sua nova localização ficou em condições de iniciar sua reforma educacional, assim como foi dito que o Colégio de Battle Creek atingiu sua posição adequada ao se estabelecer no campo.

No volume 6 dos *Testemunhos*, página 138, o seguinte é dito a nosso povo:

> "Devem ser estabelecidas escolas, não tão elaboradas como as de Battle Creek e College View, porém mais simples, com prédios mais humildes, e com professores que adotem os mesmos planos que eram seguidos nas escolas dos profetas".

Mais uma vez, no mesmo volume, está escrito: "Precisamos agora recomeçar novamente. Cumpre efetuar reformas com alma, coração e vontade" (*Ibid.*, p. 142). Vimos a necessidade de o Colégio de Battle Creek e o de Healdsburg começarem seu trabalho novamente. Os professores nessas escolas têm agora a oportunidade de "adotar os mesmos planos que eram seguidos nas escolas dos profetas", e empreender as reformas educacionais com "alma, coração e vontade".

Cursos tradicionais: — Uma das principais reformas, requeridas para romper com o sistema papal de educação, tem que ver com cursos e a conferição de títulos de graduações, visto que a queda moral das igrejas protestantes pode ser atribuída, quase que diretamente, aos cursos tradicionais oferecidos em suas escolas, com seus respectivos títulos acadêmicos. Via de regra, seus ministros eram obrigados a concluir um curso e receber um título de graduação, e isso muitas vezes afetou sua independência em seguir a Palavra de Deus; tal sistema reprimia sua individualidade e originalidade. Declara-se o seguinte acerca desses escolares:

> "[eles são] uma representação estereotipada daquilo que o curso os torna; se eles (os graduados) conseguem erguer um companheiro do lamaçal, nunca o deixarão mais perto do Céu do que a escola onde foram educados... Eles estão felizes em partilhar a honra de repetir as tagarelices, verdadeiras ou falsas, que passam por verdade, na escola ou seita que fizeram deles o que são" (*Sketches of the Christian Life and Public Labors of William Miller*, p. 16).

Os cristãos primitivos propagaram o evangelho rapidamente e de forma eficaz pelo mundo. Em sua escola, ensinavam somente as matérias que preparariam o aluno para fazer a obra do Senhor. Seus educadores eram vistos pelo mundo como "extremistas esquisitos, estranhos e austeros". Tudo era feito por esses educadores cristãos com o propósito de preparar rapidamente o aluno para desempenhar o papel de bom soldado na batalha. Os estudantes não eram retidos na escola para concluir um curso e receber um título acadêmico, um costume em voga nas escolas seculares. Mais tarde, professores cristãos meio-convertidos do paganismo introduziram a ideia de cursos com vistas à titulação acadêmica cujo resultado foi o desenvolvimento de um monopólio educacional controlado pelos líderes da igreja, e ninguém tinha permissão para ensinar ou pregar até que tivesse terminado um curso e recebido um diploma.

Uma das objeções mais graves levantadas contra esse plano é que ele fecha a mente do estudante à verdade. Praticamente todas as reformas religiosas são efetuadas através de leigos humildes, porque os líderes da igreja, via de regra, ao adquirirem sua educação, tornam-se conservadores. O conservadorismo é o resultado de passar por um curso rígido e mecânico de estudos voltado para a obtenção de um título acadêmico. O aluno é mantido numa rotina, cansativamente rodando um moinho, sendo descrito como alguém que anda indefinidamente, nunca chegando a lugar algum. Consequentemente, quando a verdade é apresentada a esses acadêmicos, especialmente quando apresentada por um leigo, ela não é vista com bons olhos, pois eles chegaram ao ponto de se considerar como o canal autorizado através do qual a luz deve chegar ao povo. A verdade dessa afirmação é corroborada por fatos históricos. Motley, citando a experiência de reformadores na Holanda, escreve sobre a restrição imposta aos leigos pelo sistema papal de educação:

> "Proibimos todas as pessoas leigas *de conversar ou debater sobre as Sagradas Escrituras*, de forma aberta ou secreta, especialmente sobre qualquer assunto difícil ou duvidoso, ou *ler, ensinar ou explicar as Escrituras*, a menos que tenham estudado teologia devidamente e sido aprovados por alguma universidade de renome" (John Lothrop Motley, *The Rise of the Dutch Republic*, p. 134 [Volume Único, ed. de 1863]).

Ele acrescenta, contudo, que

> "para o inexprimível desgosto dos conservadores na igreja e no estado, aqui havia homens com pouca instrução, totalmente desprovidos de conhecimento do hebraico, de condição humilde — chapeleiros, cavalariços, curtidores, tintureiros e ofícios semelhantes — que começaram a pregar. Tal fato nos faz lembrar que os primeiros discípulos selecionados pelo Fundador do cristianismo

não eram todos doutores em teologia, com diplomas de universidades renomadas" (*Ibid.*, p. 264).

O Senhor sabe que um curso rígido, com vistas à obtenção de um título, frequentemente introduz na igreja "muitos homens segundo a carne... muitos poderosos... muitos nobres" em vez de produzir líderes que estão conscientes de que "Deus escolheu as coisas loucas do mundo para envergonhar as sábias... a fim de que ninguém se vanglorie na presença de Deus".

A maior parte dos acadêmicos que viveram por volta de 1844 rejeitou a mensagem do primeiro anjo porque não lhes chegou de acordo com a maneira tradicional. "O fato de ser a mensagem em grande parte pregada por leigos, era insistentemente apresentado como argumento contra a mesma. ... Multidões, confiando implicitamente em seus pastores, recusaram-se a ouvir a advertência" (*O Grande Conflito*, p. 380).

Os Adventistas do Sétimo Dia serão provados nesse mesmo ponto: — "Ao chegar o tempo para que ela [a mensagem do terceiro anjo] seja dada com o máximo poder, o Senhor operará por meio de humildes instrumentos, dirigindo a mente dos que se consagram ao Seu serviço. Os obreiros serão qualificados mais pela unção de Seu Espírito do que pelo preparo das instituições de ensino" (*O Grande Conflito*, p. 606).

No tempo do alto clamor, Satanás trabalhará com todo o seu poder de engano, a fim de introduzir como líderes na Igreja Adventista do Sétimo Dia, homens que considerarão a obra dos humildes instrumentos — os que são guiados pelo Espírito de Deus mas que não se graduaram em instituições acadêmicas — com o mesmo desfavor com que os líderes das igrejas protestantes consideraram tais irregularidades antes de 1844. Deus quer milhares de homens treinados em nossas escolas, mas Ele não deseja que eles recebam um tipo de treinamento que fará com que a atitude deles para com a verdade seja a mesma que a dos acadêmicos de outras denominações antes de 1844. A questão de vital importância para nós, adventistas do sétimo dia, é: Podemos obter uma educação liberal e prática para o trabalho de Deus, sem sermos estragados pelo treinamento? Precisa haver alguma saída.

Quando o Colégio de Battle Creek estava incentivando os estudantes a fazer cursos que proporcionavam graduação e moldados segundo as escolas seculares, foi-lhe dada a seguinte instrução: "Os próprios alunos não cogitariam em semelhante demora para ingressarem na obra, se esta não lhes fosse recomendada com insistência por aqueles cuja missão é a de ser pastores e tutores". Esse sistema foi descrito como "este prolongado processo de aumentar cada vez mais o tempo e os ramos de estudo". O Senhor expressou Seu desagrado com estas palavras:

> "O preparo dos estudantes tem sido conduzido de acordo com o mesmo princípio utilizado na construção de edifícios... Deus está clamando — e isso já há anos — por uma reforma nesses aspectos. ... Ao passo que tanto se emprega para colocar alguns em um exaustivo programa de estudos, muitos há que se acham sedentos do conhecimento que poderiam alcançar em alguns meses; um ou dois anos seriam considerados grande bênção. Deem aos alunos um começo, mas não considerem ser o dever de vocês mantê-los [na escola] por vários anos. É dever deles saírem para o campo para trabalhar" (*Fundamentos da Educação Cristã*, p. 337, 338).
>
> "O aluno não deveria permitir-se ficar preso a nenhum curso particular de estudo que envolva longos períodos de tempo, mas ser guiado nesses assuntos pelo Espírito de Deus... Gostaria de advertir os estudantes a não dar um passo neste sentido, nem mesmo por conselho de seus instrutores, ou de homens em posição de autoridade, a não ser que hajam primeiro buscado a Deus em particular, com o coração aberto às influências do Espírito Santo, e recebido dEle conselho com relação ao desejado programa de estudos. Deixem de lado todo desejo egoísta de alcançar distinção... Por parte de muitos alunos, o motivo e ideal que os levaram a entrar na escola estão gradualmente sendo perdidos de vista, e uma ambição não santificada de adquirir educação elevada os tem levado a sacrificar a verdade... Muitos há que estão amontoando demasiados estudos num restrito período de tempo. ... Aconselharia, porém, limites rídigos em seguir esses métodos de educação que põem em risco a alma e anulam o desígnio para o qual tempo e dinheiro estão sendo gastos. A educação é uma grande obra vitalícia... Depois de haver sido dedicado ao estudo um período de tempo, que ninguém aconselhe os alunos a entrar novamente noutro curso de estudos, mas, ao contrário, que sejam aconselhados a entrar na obra para a qual estiveram se preparando. Sejam eles aconselhados a pôr em prática as teorias que aprenderam... Os que dirigem a obra de educação estão colocando excessiva quantidade de estudos diante dos que têm vindo a Battle Creek a fim de se prepararem para a obra do Mestre. Eles têm suposto que lhes é necessário aprofundar-se cada vez mais nos ramos educacionais; e enquanto seguem diversos cursos de estudos, muitos anos preciosos estão escoando" (*Ibid.*, p. 347-353).

> "O pensamento que se deve conservar diante dos alunos é que o tempo é breve, e que se devem preparar rapidamente para fazer a obra essencial para este tempo... Compreendam que minhas palavras em nada têm a intenção de depreciar a educação, mas falo a fim de advertir os que se acham em risco de levar o que é lícito a extremos ilícitos" (*Ibid.*, p. 354, 357).

Os resultados de seguir este plano de educação são bem ilustrados pelas experiências do Colégio de Battle Creek, quando trabalhavam arduamente para seguir os cursos tradicionais com vistas à obtenção de títulos acadêmicos, que o corpo docente esperava serem vistos com favor pelo mundo. As seguintes palavras mostram o perigo de receber esse tipo de educação:

> "O Espírito Santo tem vindo muitas vezes a nossas escolas e não tem sido reconhecido, mas tratado como estranho, talvez mesmo como intruso". "Repetidamente o celeste Mensageiro tem sido enviado à escola". "O próprio Mestre grandioso esteve entre vocês. De que maneira vocês O honraram? Foi Ele um estranho para alguns dos educadores?" (*Conselhos aos Pais, Professores e Estudantes*, p. 68, 370, 363).

É com vergonha e tristeza que somos obrigados a reconhecer que nós, professores, estávamos tão mortos espiritualmente para o Mestre divino, como estavam os professores para o primeiro anjo antes de 1844. A maior objeção feita contra permitir que o Espírito Santo instruísse os educadores quanto às formas corretas de conduzir a escola naquela época era o fato de que tais medidas desviariam os estudantes de seus cursos regulares e atrapalhariam seus planos de concluir seus cursos e receber os diplomas. Muitas instruções foram enviadas à escola sobre a questão dos cursos longos e rigorosos, mas os professores e alunos do Colégio de Battle Creek, em grande medida, afastaram-se dos ensinos do visitante celeste. Precisamos nos lembrar de que o Colégio de Battle Creek não tinha sido estabelecido no lugar que o Espírito indicara. Não foram seguidos os padrões para seu estabelecimento. A escola nem mesmo tentou introduzir e praticar as reformas educacionais importantes reveladas pelo Senhor antes de 1844, mas se contentou em implementar ali as ideias, a vida e a inspiração das instituições das denominações religiosas que haviam rejeitado a mensagem do primeiro anjo.

Já lemos que "os costumes e práticas da escola de Battle Creek são disseminados a todas as igrejas, e as pulsações dessa escola repercutem por todo o corpo de crentes". Devemos, portanto, concluir que, como todas as igrejas e crentes estavam mais ou menos sob a influência do Colégio de Battle Creek nessa época, pelo menos um grande percentual de adventistas do sétimo dia teria tratado o visitante celestial, se Ele tivesse vindo até eles sugerindo reformas, da mesma forma como os professores e alunos do Colégio de Battle Creek O trataram. Talvez, então, possamos entender por que Deus diz:

> "O plano para as escolas que estabeleceremos nesses anos finais da obra deve ser de ordem inteiramente diversa dos que temos estabelecido... Foi-me mostrado que em nossa obra educacional não devemos seguir os métodos adotados em nossas escolas antigas. Há entre nós muito apego a velhos costumes, e por essa razão nos achamos bem aquém de onde deveríamos estar no progresso da terceira mensagem angélica" ("The Madison School," p. 29).

Os fundadores do Colégio de Battle Creek cometeram seu erro quando não seguiram o plano que lhes foi dado pelo Senhor, mas modelaram a escola segundo as escolas do mundo ao seu redor. Nestes últimos dias, a prova virá para vocês. Vocês não devem moldar as escolas segundo o padrão que norteou o estabelecimento das escolas adventistas mais antigas, mas devem seguir o modelo divino. Se deixarmos de compreender este plano divino, não teremos qualquer participação no alto clamor.

A reforma requerida: — Os professores do Colégio de Battle Creek naquele tempo receberam esta mensagem:

> "Uma sucessão de chuvas procedentes das Águas Vivas têm caído sobre vocês em Battle Creek... Cada chuva era uma sagrada comunicação de influência divina; no entanto, vocês não a reconheceram como tal. Em vez de sorver copiosamente das correntes da salvação, tão liberalmente oferecidas mediante a influência do Espírito Santo, vocês se volveram aos escoadouros comuns, e procuraram satisfazer a sede da alma com as poluídas águas da ciência humana. O resultado tem sido corações endurecidos na escola e na igreja... Espero, porém, que os professores não tenham ainda transposto o limite em que ficarão entregues à dureza de coração e à cegueira mental. Se forem novamente visitados pelo Espírito Santo, espero que não chamem a justiça de pecado, e o pecado de justiça. Há necessidade de conversão do coração entre os professores. Necessita-se de genuína mudança de ideias e métodos de ensino, a fim de colocá-los onde possam manter uma relação pessoal com um Salvador vivo... Deus Se aproximará dos alunos, porque são desencaminhados

pelos educadores nos quais depositam confiança" (*Fundamentos da Educação Cristã*, p. 434, 435).

A instrução que veio para o Colégio de Battle Creek durante anos mostra que, ao longo de todos aqueles anos, a instituição se encontrava inconstante em muitos dos princípios importantes da educação cristã. A escola nasceu com falsas ideias de educação em sua constituição, e não se deu conta da fonte de sua fraqueza. Ela estava bebendo de correntes poluídas em maior ou menor grau impregnadas com a sabedoria do mundo, mas desconhecia o perigo. Era portadora de infecções educacionais, e falhou também em não perceber isso. Os testemunhos diretos enviados à instituição devem convencer qualquer crente nos Testemunhos [de Ellen G. White] de que o Colégio de Battle Creek estava em grande necessidade de uma reforma educacional.

O Colégio de Battle Creek fez reformas radicais pouco tempo após essas palavras serem enviadas. Eles abandonaram os cursos regulares de graduação, e, ao mesmo tempo, enriqueceram o currículo com muitas disciplinas bastante práticas para os missionários adventistas do sétimo dia, e "a liberdade na escolha de disciplinas foi considerada fundamental" (*Education in the United States*, p. 197). Cada aluno, com a ajuda dos professores, selecionava os programas de estudo considerados verdadeiramente essenciais à sua vida profissional. A força do corpo docente foi direcionada com intensidade sobre os assuntos que tinham sido negligenciados e para os quais Deus estivera chamando a atenção havia anos. Quando a escola se desfez dos cursos e graduações estereotipados, ela se viu muito mais capaz de seguir as instruções enviadas pelo Senhor, e o resultado foi que, em curto espaço de tempo, o Colégio de Battle Creek foi implantado numa bela fazenda. Foi-lhe dada a oportunidade de se colocar numa posição correta; então lhe veio esta declaração muito notável: "Esse é o início da reforma educacional". "Nenhuma instituição educacional pode colocar-se em oposição aos erros e corrupções deste século degenerado sem receber ameaças e insultos, mas o tempo porá tal instituição sobre uma plataforma elevada" (*General Conference Bulletin*, 1901, p. 454).

Estamos discutindo esse assunto extensamente porque alguns de vocês, alunos, questionam por que não estabelecemos programas de estudo com vistas à obtenção de um título acadêmico. Vocês devem saber em que chão estão pisando e por que estão ali, e deveriam se perguntar:

"Estou seguindo o plano instituído pelo Colégio de Battle Creek, que afetou seriamente cada igreja da denominação, ou seguindo outro plano do qual o Senhor disse: "É o início da reforma educacional?"

Titulações e a que elas conduzem: — A questão de conferição de títulos acadêmicos já foi indiretamente mencionada, pois trata-se da recompensa dos cursos tradicionais. Se não fosse pela graduação, seria impossível manter a maioria dos alunos num curso prescrito. No entanto, o elemento mais perigoso na conferição de um título acadêmico não parece ser compreendido pelos educadores cristãos que se apegam a esse costume. Um título acadêmico representa um sinal ou selo de autoridade. Na igreja cristã, "a conferição de títulos originou-se com um papa" como sinal de sua autoridade sobre o sistema educacional. Hoje os títulos são conferidos pelo Estado, e este não tem direito algum de colocar o seu selo sobre o trabalho de uma instituição, a menos que possa aprovar o sistema de ensino oferecido pela escola. A conferição de título, portanto, é um sinal de sua aprovação. Qualquer escola adventista do sétimo dia que conceda títulos acadêmicos convida, assim, a inspeção do estado, e deve aceitar o padrão do mundo e entrar em conformidade com o sistema secular de educação. Alegando dirigir escolas cristãs, buscamos ao mesmo tempo ensinar de tal forma que possamos satisfazer os requisitos do sistema secular. Com o tempo, o estado ou vai exigir absoluta conformidade com seu sistema ou se recusar a conceder as graduações. Se estivermos fazendo nosso trabalho de forma a encorajar os alunos a buscar títulos, há um grande perigo de comprometermos a verdadeira ciência da educação a fim de manter o selo ou a chancela do estado. Os adventistas do sétimo dia não estão ignorantes quanto ao fato de que, mesmo nos dias atuais, o papado tem o controle de praticamente toda a educação e, em pouco tempo, isso será abertamente reconhecido. Então, a inspeção de nossas escolas de graduação será efetuada diretamente pelo papado, e o título acadêmico, se concedido, virá novamente diretamente dessa organização. Será um selo ou uma marca da besta. Outros protestantes falharam aqui. O que nós, estudantes adventistas do sétimo dia, devemos fazer? Um educador resumiu toda a questão de conferição de títulos da seguinte maneira:

> "Desde o primeiro momento em que um aluno ingressou na escola até o momento final em que colará grau, professores, pais e amigos amorosos unem-se em seus esforços para estimular o aluno a superar algum outro. Os homens usam seus títulos como as

> mulheres usam chapéus finos, joias nos cabelos, brincos nas orelhas, anéis nos dedos e fitas esvoaçantes na brisa. Considere, por exemplo, o valor ornamental de um MBA, MA, MS ou PhD, ou o valor social de uma notável combinação de títulos decorativos como a desfrutada pelo Sr. James Brown: MA, PhD, LLD [Doutor em Direito], DD [Doutor em Divindade]. Cada um desses títulos custa tanto quanto um diamante de tamanho moderado, ou uma pérola grande (não a Pérola de grande valor), e é usado praticamente pelo mesmo motivo. Isso não indica necessariamente nada. John Smith, alfaiate; James Brown, ferreiro; Sr. Jones, inspetor, são exemplos de títulos cujo efeito na mente supera o mero efeito decorativo [dos títulos acadêmcios]. Esses indicam o ofício ou a profissão pela qual o homem ganha seu sustento".

Em razão de o título acadêmico simplesmente colocar seu possuidor numa posição que o distingue daqueles que não possuem um, e não ser uma indicação de capacidade para realizações, os homens do mundo secular, ao erigirem uma aristocracia educacional, sentem que é necessário proteger a si mesmos, limitando o poder de conferi-lo. Eles dizem: "Deveria haver uma legislação para regulamentar a conferição de títulos acadêmicos". O seguinte trecho de um relatório assinado por um bom número de reitores de universidades proeminentes apareceu nas colunas da *Educational Review*:

> "O poder de conferição de títulos não deve ser outorgado a qualquer instituição que tenha requisitos de admissão e graduação inferiores ao padrão mínimo estabelecido pela comissão, ou a qualquer instituição cujo subsídio produtivo não seja igual a pelo menos US$ 100.000,00. A lei é admirável e deve ser adotada por todos os estados da união, a fim de que a educação independente e aventureira tenha o mesmo destino dos *wildcat bankings*.[1]" (Nicholas Murray Butler, *Educational Review*, 1891, vol. 16, p. 103).

Vocês, por certo, se interessarão na seguinte declaração encontrada em uma carta escrita pelo secretário de educação da denominação adventista do sétimo dia em 1896, relativamente a uma entrevista com a Sra. Ellen G. White sobre esse assunto:

---

[1] A expressão "*wildcat banking*" refere-se ao período americano compreendido entre 1816 e 1863, no qual não existia nenhum regulamento federal para os bancos. A moeda era emitida pelos bancos privados e tão somente regulada pela situação individual dos bancos estatais. Essa moeda era frequentemente acompanhada pela dívida que os bancos mantinham e mostrava-se bastante instável, o que fazia com que ela perdesse o valor.

> "Expliquei-lhe o significado das titulações acadêmicas e o sentido ligado a elas, e o programa geral de estudos associado a elas segundo a perspectiva de outros educadores, e sua ideia pareceu ser a de que não há nenhuma necessidade de darmos atenção a essas coisas; que precisamos educar para a utilidade aqui e no reino eterno vindouro; e que a questão com nosso povo não é se um jovem tem um título, mas se ele tem uma preparação adequada para ser uma bênção aos outros nesta obra... Eu deveria sentir-me perfeitamente livre para estruturar o trabalho segundo penso ser o melhor para os jovens e para a obra, sem estar preso à ideia de que preciso manter um programa de estudos que me permita conferir títulos acadêmicos de modo sistemático".

O objetivo de nossas escolas deveria ser o de preparar os alunos para levar a mensagem da segunda vinda de Cristo a todo o mundo, e prepará-los com rapidez.

> "Sua obra não deve esperar enquanto Seus servos passam por preparações tão admiravelmente elaboradas como as que nossas escolas estão planejando ministrar" (*Fundamentos da Educação Cristã*, p. 346).

Nossa esperança é que os adventistas do sétimo dia possam livrar-se dessas armadilhas que apanharam as denominações protestantes antes de 1844.

4. Princípios Educacionais

"Antes que possamos levar a mensagem da verdade presente em toda a sua plenitude a outros países, devemos primeiro romper todo jugo. Precisamos entrar na linha da verdadeira educação, andando na sabedoria de Deus, e não na sabedoria do mundo. Deus chama mensageiros que serão verdadeiros reformadores. Devemos educar, educar, para preparar um povo que irá entender a mensagem, e então dar a mensagem ao mundo" ("The Madison School," p. 30).

A meta destes estudos tem sido ajudar vocês, alunos, a entender a instrução dada nesse parágrafo que acabamos de ler, para que possam evitar as ciladas educacionais, "entrar na linha da verdadeira educação" e desempenhar uma parte na pregação da mensagem ao mundo.

Vamos rever brevemente o assunto e listar os importantes princípios educacionais em ambos os sistemas. À medida que forem apresentados, determinem sua atitude em relação a cada um, e certifiquem-se de suas razões para a atitude que tomarem. Vocês são convidados a fazer isso com a esperança de que sua posição seja fortalecida em relação a questões educacionais, e também para que sejam auxiliados a "entrar na linha da verdadeira educação", e assim estar melhor preparados para levar ao mundo a mensagem da breve volta de Jesus. Isso é ainda feito na expectativa de que vocês possam sentir mais plenamente o profundo significado da afirmação:

> "Agora, como nunca antes, precisamos compreender a verdadeira ciência da educação. Se deixarmos de compreender isso, jamais teremos lugar no reino de Deus" (*Christian Educator*, 1º de agosto de 1897).

1. Os protestantes mantêm seus filhos na igreja quando esses recebem uma educação cristã. Eles os perdem quando frequentam escolas dirigidas segundo o sistema papal. Melanchthon disse: "A religião não pode ser mantida sem elas [as escolas]".

2. O sistema papal de educação nunca é um modelo adequado para as escolas protestantes. Lutero e Melanchthon reconheceram isso. Conse-

quentemente, eles reformaram o sistema escolar mudando o currículo, os livros didáticos e métodos de ensino.

3. Algumas escolas, cristãs em sua forma, seguem o sistema papal, misturando um pouco de Bíblia e aromatizando o curso com teologia protestante. John Sturm fez isso. O mesmo tem ocorrido com algumas escolas desde os dias de Sturm.

4. Essa combinação de sistemas educacionais — o cristão e o papal misturados — sempre abre o caminho para minúcias de controvérsias teológicas, e os alunos são negligenciados por se priorizar a caça às heresias. Ela sempre termina com uma vitória do papado sobre o protestantismo.

5. O sistema papal de educação faz um Moloque de assuntos abstratos e adora em seu santuário. Sua força está em repetir formas sem sentido, e um "estudo morto de palavras toma o lugar do conhecimento vivo das coisas". Pressão mental e memorização formal são os celebrados métodos de seus professores. Competição, prêmios e recompensas são estimulantes necessários para "uma rotina mecânica e obrigatória de exercícios com base em regras ininteligíveis"; seus cursos estereotipados e longos terminam em colações de grau, o sinal ou a marca do sistema. É a subjugação da mente humana à autoridade de alguém superior, e a repressão da liberdade de pensamento substituída por uma supervisão antinatural e rigorosa em lugar do governo de si mesmo. Tal sistema conduz para longe da natureza, do trabalho na natureza e do Deus da natureza, centralizando-se nas cidades e em instituições criadas pelo homem. Isso é educação papal, e sua recompensa é o título conferido no final do curso tradicional.

6. Cada escola representa a pulsação de alguma organização; — do estado, se for uma escola estatal; do papado, se for uma escola papal; e da igreja cristã, se for uma escola cristã. Qualquer sistema educacional que ministre mecanicamente um curso estereotipado cujo fim é a conferição de títulos irá, com o tempo, resultar no desenvolvimento de um credo por parte de sua organização gestora — um credo escrito, ou talvez apenas composto de opiniões de quem esteja no poder, mas um credo de qualquer forma; e todo aquele que não reconheça seu poder de arbitrar é considerado irregular ou independente.

7. A educação protestante permite ao estudante a liberdade na escolha do programa de estudos. Essa libertação dos cursos estereotipados produz frutos numa igreja que abre espaço para diferenças de opinião sem

a acusação de heresia. Cursos e graduações são um elemento essencial num monopólio religioso. Esses monopólios, em sua própria essência, não veem nenhuma serventia naqueles que questionam sua autoridade; os que diferem precisam ser esmagados.

8. Há apenas dois sistemas de educação: um inspirado pela Palavra de Deus e um por outra literatura. A escola cristã não só tem estudo da Bíblia em seu currículo, mas os princípios bíblicos constituem o guia da vida do aluno, e o espírito da Bíblia é a inspiração da escola. Se os princípios bíblicos não forem o fundamento de todas as disciplinas e a base de todo o ensino, essa escola, embora cristã no nome, está embebida dos princípios papais. Oberlin, rompendo com o sistema papal antes de 1844, "restaurou a Bíblia ao seu devido lugar como livro didático permanente", e os autores pagãos e infiéis foram excluídos.

9. Qualquer sistema de educação que exalte a Bíblia receberá luz sobre a reforma de saúde, sobre a simplicidade no vestuário, a vida no campo, etc. Oberlin, preparando-se para o clamor da meia-noite antes de 1844, aceitou a luz sobre esses assuntos. Os estudantes descartaram o uso de alimentos cárneos, fumo, condimentos, chá e café, substanciosos bolos e tortas, pães quentes; eles usavam farinha integral, descartavam alimentos ensopados, vestimentas dispendiosas, joias; aceitavam a vida campestre como o lar divino para o homem, etc. Essas mesmas reformas serão realizadas em sua plenitude por aqueles que estão se preparando para o alto clamor.

10. As escolas cristãs estão contentes com edifícios e equipamentos simples e modestos, mas precisam proclamar uma grande e poderosa verdade. As escolas papais precisam ter edifícios enormes e sofisticados equipamentos, mas se contentam com pouca ou adulterada verdade. Jefferson e outros que lidaram com grandes verdades acataram a ideia de edifícios simples. O alto clamor será anunciado por escolas que se contentam com edifícios e equipamentos simples; estarão, no entanto, realizando uma grande obra.

11. A educação cristã não se satisfaz em apenas armazenar coisas na mente. O que é estudado deve ser posto em prática. O treinamento manual é uma parte de cada currículo escolar cristão. O sistema papal se contenta em fazer com que os alunos aprendam e assimilem o conhecimento sem qualquer aplicação prática. Seus alunos estão sempre aprendendo, mas nunca são capazes de chegar ao conhecimento da verdade.

Treinamento manual não é uma parte essencial de sua educação. Antes de 1844, os reformadores da educação estabeleceram muitas escolas de treinamento manual, onde os alunos aprendiam agricultura, horticultura, jardinagem, vários tipos de ofícios como serralheria, marcenaria, fabricação de tecidos, impressão gráfica, economia doméstica, costura, cuidado dos doentes, etc. Eles estavam se afastando para longe do papado e entrando "na linha da verdadeira educação". Visto que, na época do alto clamor, haverá muitas escolas que terão levado essas reformas ainda mais adiante, os resultados serão maiores.

12. As escolas de formação cristã fazem provisão para a cultura física e o exercício saudável ao proporcionar abundância de trabalho útil. A educação papal toma poucas providências para o treinamento manual; portanto, atletismo, esportes, jogos e ginásios tornam-se os substitutos artificiais para o plano divino de exercícios físicos. As escolas que preparam seus alunos para o alto clamor deveriam completar o trabalho que começaram.

13. As escolas cristãs têm como um de seus objetivos mais importantes a formação de alunos que possam autogovernar-se a fim de assumirem sua posição, não como membros de igreja dependentes e destituídos de vitalidade, mas como trabalhadores independentes e originais, sob a direção do Espírito de Deus, todos trabalhando unidos em harmonia com os princípios divinos. O sistema papal não faz nenhum esforço para formar alunos com autodisciplina, pois tal treinamento é fatal para a organização da igreja papal. O governo de si mesmo constituiu parte integrante da reforma educacional anterior a 1844. Está ele presente na escola de vocês?

14. Cada cristão missionário deveria ser um produtor. Em outras palavras, ele deveria estar em condição de automanter-se. Nenhum grande movimento religioso pode ser iniciado, ou levado avante com sucesso, se não tiver um exército de membros leigos que sejam missionários ativos e de sustento próprio. As escolas cristãs não têm maior objetivo do que treinar tal exército. As escolas papais têm de evitar isso, pois é destrutivo para seu sistema organizacional que visa ao controle das pessoas. As escolas cristãs anteriores a 1844 captaram essa ideia de formação de missionários para o clamor da meia-noite. Líderes eclesiásticos suprimiram essa reforma. As escolas cristãs antes do alto clamor se tornarão um exército de obreiros autossustentáveis.

15. Os lugares carentes do mundo estão clamando por missionários de manutenção própria. Quando a igreja se opôs à formação de missionários em Oberlin, e se recusou a dar-lhes um lugar em sua obra regular, milhares deles dirigiram-se aos índios, aos ex-escravos, aos brancos das montanhas e a países estrangeiros, sob a direção da Associação Missionária Americana, uma organização criada por obreiros de sustento próprio.

16. Os professores de Oberlin, a fim de tornarem a escola um sucesso, sacrificaram-se expressivamente em termos de salário. Seus alunos eram incentivados a ir aonde Deus os chamasse, com pouca preocupação com a questão da remuneração. Oberlin considerou ser seu dever, bem como sua alegria, ajudar os alunos a encontrar o trabalho de sua vida.

17. Esses mestres abreviaram o tempo de permanência dos estudantes na escola, e ministraram-lhes estudos práticos, correlacionando o trabalho de classe com as reformas que desejavam que seus alunos aceitassem.

18. A oposição a Oberlin, enquanto permanecia na linha da verdadeira educação, proporcionou-lhe amigos e recursos, bem como aumento de matrículas.

19. A oposição externa é um assunto sério para uma escola cristã, mas, enquanto a escola se mantiver "na linha da verdadeira educação", a oposição só irá fortalecer suas reformas. Mas contínua oposição interna é destrutiva. Ela foi responsável pela queda da Reforma do século XVI e arruinou o movimento de 1844.

20. A influência de um mentor, que age como um pai, é necessária à prosperidade e ao sucesso contínuo de reformas educacionais. Oberlin teve essa bênção em grau acentuado. Considere a vantagem de ter na escola um professor, sólido reformador, como parte de seu corpo docente durante 50 anos.

Estudantes, vocês estão fazendo tudo o que podem para colocar sua escola "na linha da verdadeira educação"?

5. Matérias Práticas para o Currículo

"Os estudantes se acham em nossas escolas a fim de receber um preparo especial e estar familiarizados com todos os ramos de serviço, de modo que, se tiverem que sair como missionários, sejam independentes e capazes, e, assim, por meio de sua aprimorada habilidade, possam prover-se do conforto e acomodações necessários" (*Testemunhos para a Igreja*, Vol. 6, p. 208).

"Os estudos, no geral, deveriam ser poucos e bem escolhidos, e os que frequentam nossos colégios devem receber preparo diverso do que é ministrado nas escolas comuns da atualidade" (*Christian Education*, p. 47).

Além das disciplinas consideradas essenciais, temos o seguinte currículo disciplinar que nossas escolas deveriam ensinar, para que o aluno, ao deixar a instituição, esteja não somente equipado para ensiná-las a outros, mas usá-las para seu próprio sustento:

Carpintaria e construção: —

> "Sob a liderança de carpinteiros experientes ... os próprios alunos deveriam erguer prédios no terreno da escola... aprendendo a construir com economia" (*Testemunhos para a Igreja*, Vol. 6, p. 176).

Jardinagem, agricultura e plantio de frutas: —

> "O estudo da agricultura deve ser o ABC da educação dada em nossas escolas. ... Devem-se plantar frutas miúdas, cultivar verduras e flores... [Os estudantes] devem dedicar-se ao plantio de árvores ornamentais e de frutas" (*Ibid.*, p. 179, 181).

Ofícios variados: —

> "Devem também ser feitos preparativos para ensinar ferraria, pintura, confecção de calçados, arte culinária, produção de pães, lavanderia, consertos de roupa, datilografia e impressão" (*Ibid.*, p. 182).

Criação de animais e aves: —

> "Os alunos aprendem a... cuidar com sabedoria do gado e das aves" ("An Appeal for the Madison School," p. 1).

Enfermagem: —

"O treinamento para a obra médico-missionária é um dos maiores objetivos para o estabelecimento de qualquer escola" (*Idem*).

Deveres domésticos: —

"Tanto rapazes quanto moças deveriam obter conhecimento sobre deveres domésticos. Fazer a cama e arrumar o quarto, lavar a louça, preparar uma refeição, lavar e consertar sua própria roupa, tudo isso constitui um treinamento que não tornará um rapaz menos varonil. ... Que as moças, por outro lado, aprendam a arrear, cavalgar, usar a serra e o martelo, assim como o ancinho e a enxada" (*Educação*, p. 216).

Cozinha e costura: —

"Deveria ter havido professoras experientes para dar aulas às jovens no departamento culinário. As moças deveriam ter aprendido a confeccionar roupas, a cortar, fazer e consertar artigos de vestuário" (*Christian Education*, p. 19).

Manutenção própria: — Os estudantes "têm aprendido a se tornar autossustentáveis, e um treinamento mais importante do que esse eles não poderiam receber" ("An Appeal for the Madison School," p. 1). "E a lição do auxílio de si mesmo aprendida pelo estudante, muito faria no sentido de preservar as instituições de ensino do peso das dívidas" (*Educação*, p. 221).

Trabalho manual: — Há uma ciência no trabalho manual que os educadores cristãos devem reconhecer. Ele desenvolve o cérebro, e é um meio para a conservação do físico. Os cientistas descobriram que o desenvolvimento mental simétrico é impossível à parte desse preparo físico, visto que, por meio do trabalho manual, uma área importante do cérebro é desenvolvida. Vale repetir, um tempo de angústia está adiante de nós, em que os que estiverem "na linha da verdadeira educação" não terão acesso a máquinas que são tão comuns hoje em dia, e muito do que agora é feito em fábricas e oficinas deverá necessariamente ser feito à mão. Mas o sucesso nessa reforma, como em qualquer outra, será proporcional ao amor pela causa. O educador que falou do treinamento manual como sendo "educação de cabo de enxada", veio de uma escola cujo conselho diretivo havia fornecido instalações para o ensino da agricultura e de várias ocupações, mas todas elas haviam sido negligenciadas. A atitude desse professor fez com que os alunos sentissem que essas matérias importantes eram apenas secundárias.

A necessidade de uma mudança no programa: — Muitas das disciplinas do currículo, como o Senhor tem dito, não são essenciais e deviam ser eliminadas. Esses estudos práticos, segundo o conselho divino, são essenciais, mas não podem encontrar seu devido lugar ao lado das disciplinas intelectuais até que o programa de ensino, seguido por anos a fio e moldado segundo a velha ordem, seja radicalmente mudado para atender às novas demandas. Repetimos que é necessário fazer uma série de reformas radicais antes de um programa poder ser implantado e propiciar aos estudantes a oportunidade de pagar suas despesas escolares enquanto estudam.

> "Precisamos de escolas que sejam autossuficientes, e isso pode ser feito se professores e alunos forem úteis, industriosos e econômicos" ("Words of Encouragement to Self-supporting Workers", p. 28 [24 de janeiro de 1907]).

Devemos ter escolas com esse perfil para treinar os missionários que Deus requer para o alto clamor.

Escolas de uma nova ordem: —

> "O plano das escolas que estabeleceremos nesses anos finais da obra deve ser de uma ordem completamente diferente dos que temos instituído. ... Há entre nós muito apego a velhos costumes; e por causa disso estamos muito aquém de onde deveríamos estar no desenvolvimento da terceira mensagem angélica. Como os homens não puderam compreender o propósito de Deus nos planos anteriormente feitos para a educação de obreiros, têm-se seguido métodos em algumas de nossas escolas que mais retardaram a obra de Deus do que a fizeram progredir" ("The Madison School", p. 29).

Verificamos que, na escola sob a nova ordem de coisas, além de outros estudos essenciais,

> "os estudantes aprendem a cultivar as próprias lavouras, a construir as próprias casas e a cuidar com sabedoria do gado e de aves. Eles têm aprendido a se tornar autossustentáveis, e não poderiam receber treinamento mais importante do que esse. Desse modo, eles têm obtido uma educação valiosa para a utilidade em campos missionários.
>
> "A isso é acrescentado o conhecimento de como tratar os doentes e cuidar dos feridos. Essa formação para o trabalho médico-missionário é um dos objetivos mais grandiosos para os quais qualquer escola possa ser estabelecida... A obra educacional da escola e do sanatório podem avançar de mãos dadas. A instrução dada na escola beneficiará os pacientes, e a instrução dada aos pacientes do sanatório será uma bênção para a escola... A qualidade da educação proporcionada ... é tão elevada que será considerada um tesouro de grande valor por aqueles que assumirem a obra missionária nos campos estrangeiros. Se

> muitos mais em outras escolas estivessem recebendo um treinamento semelhante, nós, como povo, seríamos um espetáculo ao mundo, aos anjos e aos homens. A mensagem seria rapidamente levada a todos os países, e almas agora na escuridão seriam trazidas para a luz.
>
> "Em breve chegará o tempo em que o povo de Deus, por causa da perseguição, será disperso em muitos países. Aqueles que têm recebido uma educação integral estarão em grande vantagem onde quer que se encontrarem. O Senhor revela sabedoria divina em assim conduzir Seu povo para que treinem todas as suas faculdades e capacidades para a obra de espalhar a verdade. ... Vocês não têm nenhum tempo a perder. Satanás logo se levantará para criar obstáculos; que a obra vá adiante enquanto pode. ... Então a luz da verdade será irradiada de forma simples e eficaz, e uma grande obra será realizada para o Mestre num curto espaço de tempo. ... Temos de aprender a nos contentar com alimentos e roupas simples, para que possamos poupar muitos recursos para investir na obra do evangelho" ("An Appeal for the Madison School,"p. 1-3).

Há esperança: — É dever de vocês, como estudantes, buscar descobrir qual é o plano de Deus para as nossas escolas, e que esta concisa exposição os capacite a entender melhor o tipo de educação que existia em nossas escolas mais antigas, de modo que possam evitá-la. Permitam-me impressioná-los novamente com o pensamento de que vocês devem buscar a ajuda do Senhor para impedir que jugos mundanos de educação sejam postos sobre vocês, mesmo sendo pelos professores de vocês. Lembrem-se de que Deus disse estas enfáticas palavras para nós, professores e alunos:

> "Estamos em positivo perigo de trazer para nossa obra educacional os costumes e modas que prevalecem nas escolas do mundo" ("The Madison School", p. 28).

Despendemos anos de peregrinação no deserto da educação mundana. Se nos faltar fé e coragem para adotar essa reforma, Deus levantará homens que a empreenderão. Sabemos de educadores seculares que olham com favor o plano educacional que nos foi entregue. Por exemplo, o atual presidente do Comissariado de Educação dos Estados Unidos, Dr. P. P. Claxton, como Horace Mann fez no passado, tem simpatia por esse plano; e depois de visitar um bom número de escolas que estão se esforçando para implantar essas reformas, expressou a um grupo de professores sua apreciação pelo sistema educacional nas seguintes palavras:

> "Eu gostaria muito que me fosse possível estar presente na reunião de professores e enfermeiros das escolas nas colinas que

> vocês estão realizando esta semana. Estou grandemente interessado no trabalho que essas escolas estão fazendo. O trabalho que vocês estão realizando em Madison é notável e digno de elogios. Se vocês conseguirem de modo permanente manter a escola com seus fundamentos atuais, ela não deixará de realizar grande bem. O trabalho que fazem é altamente viável, e me parece estar baseado em princípios fundamentais e importantes de educação. O mesmo é verdadeiro com respeito às pequenas escolas que visitei, e acompanharei o seu progresso com grande interesse. Acredito que vocês vão conseguir realizar o que têm em mente.
>
> "Toda educação deve fluir da vida das pessoas que estão sendo educadas. Vocês e os professores que vocês estão enviando estão reconhecendo sabiamente esse princípio. A fim de educar as crianças, os pais também devem ser educados. Toda verdadeira educação deve consistir na educação de toda a comunidade, e deve se apropriar da vida que as pessoas vivem, tornando-as mais inteligentes acerca das coisas desta vida. É difícil e praticamente impossível alcançar melhores circunstâncias sem que as condições existentes sejam compreendidas".

Será que temos em nós o espírito de Calebe e Josué para dizermos que somos bem capazes, com a ajuda de Deus, de construir uma escola "na linha da verdadeira educação"? Devemos nos lembrar da promessa de que nossas escolas "são prisioneiras da esperança, e Deus as corrigirá e iluminará, trazendo-as de volta à sua honrada posição de separação do mundo". Se estivermos dispostos e formos obedientes, Deus nos dará a vitória de que precisamos.

> "Que diretores, professores ou auxiliares não oscilem, voltando a seus velhos costumes de deixar que sua influência anule os próprios planos que o Senhor apresenta como o melhor plano para a educação física, mental e moral de nossa juventude. O Senhor requer que sejam dados passos adiante" (*Review and Herald*, 27 de dezembro de 1901).
>
> "Professores, confiem em Deus e avancem. 'A Minha graça te basta', é a garantia do Grande Mestre. Apoderem-se da inspiração dessas palavras, e nunca, nunca falem de dúvida e incredulidade. Sejam enérgicos. Não há serviço pela metade na religião pura e sem mácula" (*Fundamentos da Educação Cristã*, p. 436).
>
> "Antes que possamos levar a mensagem da verdade presente em toda a sua plenitude a outros países, devemos primeiro romper todo jugo. Precisamos entrar na linha da verdadeira educação, andando na sabedoria de Deus, e não na sabedoria do mundo. Deus chama

mensageiros que serão verdadeiros reformadores. Devemos educar, educar, para preparar um povo que irá entender a mensagem, e então dar a mensagem ao mundo" ("The Madison School", p. 30).

"Agora, como nunca antes, precisamos compreender a verdadeira ciência da educação. Se deixarmos de compreender isso, jamais teremos lugar no reino de Deus".

Apêndice

Apêndice A – A Escola de Madison

Ellen G. White
1908

Capítulo 1 – Incentivem os Obreiros

Sanatório, Califórnia,
4 de março de 1907.

Fui instruída de que a obra no Sul deve ser encorajada, e que ajuda especial deve vir à obra em Nashville, Madison e Huntsville.

Na escola de Madison, tem sido necessário trabalhar com a mais estrita economia, a fim de que a obra educacional lá desenvolvida pudesse ser levada adiante. Que nossos irmãos que possuem recursos se lembrem dessa escola e de suas necessidades.

Os irmãos Sutherland e Magan fizeram um bom trabalho em Berrien Springs; eles foram além de suas forças em seu trabalho naquele lugar, arriscando sua saúde e até mesmo suas vidas. Em seus esforços em Madison, eles estão trabalhando arduamente e em meio a muitas dificuldades. Esses irmãos precisam não apenas de nossa confiança, mas também de nossa ajuda, para que possam colocar a escola de Madison onde ela cumpra a obra que Deus planeja que realize. Oro para que o Senhor santifique a compreensão de nosso povo, a fim de que esses homens não sejam deixados a sacrificar sua saúde na obra que estão tentando fazer. Oro para que professores e alunos possam ter sabedoria e coragem para realizar devidamente a sua parte, a fim de que sejam especialmente abençoados em tornar a escola um sucesso.

É impossível fazer da escola de Madison o que ela deveria ser, a menos que lhe seja dada uma parcela liberal dos meios que forem reservados para a obra no Sul. Será que nossos irmãos irão desempenhar sua parte no espírito de Cristo?

O Sul deve ser especialmente favorecido agora por causa da negligência do passado. A expiação pelo fracasso do passado em atender às necessidades deste campo deve ser plena e ampla. As instituições do Sul que, por anos, deveriam ter estado em terreno vantajoso, devem ser especialmente favorecidas agora. A escola de Huntsville deve ser incentivada a ampliar sua obra. Todas as vantagens possíveis devem ser concedidas a essas escolas para que mostrem o que pode ser realizado no sentido de fazer a terra produzir seus tesouros. As escolas de Madison e de Huntsville devem ser uma lição objetiva para as pessoas de sua vizinhança.

Foi-me mostrado que há um perigo de essas escolas ficarem restritas em seus planos e limitadas em suas vantagens. Isso não deve acontecer. Deve-se fazer todo o possível para incentivar os alunos que precisam da instrução de qualidade que pode ser ministrada nessas escolas, a fim de que saiam devidamente instruídos para realizar uma obra por outros que necessitam da mesma educação e formação que receberam. Os campos estão se abrindo por toda parte para a obra que esses trabalhadores poderiam realizar.

Devemos fazer tudo o que pudermos para estabelecer em uma base sólida a obra em Nashville e seus arredores. Tal obra deve ser realizada com simplicidade e de modo que recomende a verdade. Há muitos lugares no Sul abertos a nossa obra; mas, seja como for, comecemos nas cidades importantes, e levemos a mensagem *agora*. "Porque assim diz o Senhor dos Exércitos: Ainda uma vez, daqui a pouco, e farei tremer os céus, e a terra, e o mar, e a terra seca; e farei tremer todas as nações, e virá o Desejado de todas as nações, e encherei esta casa de glória, diz o Senhor dos Exércitos" (Ageu 2:6-7, ARC).

Capítulo 2 – A busca de um local

No Navio "Estrela da Manhã", no rio Cumberland,
13 de junho de 1904.
Irmão A. G. Daniells,
Washington, DC

Querido irmão Daniells,

Estamos voltando de nossa viagem até o rio para procurar terras adequadas para a obra escolar. Fomos de Nashville para Carthage, uma distância de cerca de 274 km pelo rio e 125 km pela estrada de ferro. Analisamos vários lugares; mas a terra fértil rio acima é demasiado cara para pensarmos em comprá-la para fins educacionais.

Amanhã de manhã vamos chegar a Edgefield Junction, que fica a apenas 19 km de Nashville. Vamos ficar lá o restante do dia, pois desejamos visitar uma fazenda que está à venda em Madison, cerca de 14 km de Nashville e quatro km da estrada de ferro. Diz-se que esta fazenda contém cerca de 40 hectares de boas terras de aluvião, mais de 40 hectares de terras agrícolas de qualidade adequadas para grãos e frutas, e cerca de 81 hectares de pastagens. Acreditamos que ela possa ser comprada por cerca de doze mil dólares. Dizem que ela tem mais de dois mil dólares em gado e implementos agrícolas. Desejo analisar esta fazenda e, se for da vontade do Senhor, farei isso amanhã à tarde. A fazenda tem uma casa espaçosa, celeiros e outros edifícios, e quatro km de uma boa cerca de pedra. Levando em consideração suas vantagens, seu preço é menor do que qualquer outra que vimos nesta parte do Tennessee.

Deveríamos iniciar imediatamente o estabelecimento, em locais adequados perto de Nashville, de uma escola para brancos e uma escola para negros. Os obreiros em Nashville ganharão influência a partir destes centros de trabalho. Os professores dessas escolas podem ajudar a obra em Nashville.

Fui instruída de que a terra em que serão estabelecidas nossas escolas deve ser suficientemente próxima de Nashville para haver uma conexão entre as escolas e os obreiros em Nashville. Mais do que isso, em Nashville existem grandes instituições para a educação dos negros, e nossa escola para os negros deve estar suficientemente perto dessas instituições para que esteja sob a asa de sua proteção. Há menos inclinação para oprimir os negros nesta região do Tennessee do que em muitas outras partes do Sul. O preconceito não será tão facilmente despertado. As instituições que foram estabelecidas para a educação dos negros são ricamente favorecidas e estão sob a liderança de homens brancos. A presença dessas instituições foi uma das razões pelas quais Nashville foi o lugar designado para que a gráfica fosse estabelecida. Fui instruída de que a obra no Sul deve ter todas as vantagens para imprimir e publicar livros, a fim de que esta obra obtenha uma posição muito mais avançada do que a que teve no passado.

Tem sido sugerido por alguns que pode ser bom vender nossa propriedade em Huntsville e mudar a escola para algum outro lugar, mas fui instruída de que esta sugestão teve sua origem na incredulidade. Nossa escola em Huntsville está bem localizada, e a grande escola Estadual de pedagogia para a formação de professores negros, que funciona não muito longe de lá, regida por pessoas que não são de nossa fé, criou uma influência em favor da educação dos negros, a qual nosso povo deveria apreciar. Deveríamos ter instalações em Huntsville para a educação de um bom número de alunos. Deveríamos ter uma escola primária e uma escola para alunos mais avançados. Levaria anos para estabelecer em outro lugar a obra que já foi feita em Huntsville.

Minha alma agita-se dentro de mim enquanto este assunto me é apresentado. Ainda não estive em Huntsville, mas escrevi um artigo sobre o que deverá haver ali no futuro.

Devemos planejar com sabedoria. Deus irá adiante de nós se olharmos para Ele como nosso Conselheiro e nossa força. Precisamos nos distanciar de nosso egoísmo e começar a trabalhar para o Senhor com dedicação.

Capítulo 3 – A compra de uma propriedade

A propriedade encontrada em Madison, no Tennessee, foi finalmente comprada como o local para a criação de uma escola de treinamento para obreiros brancos. Em um artigo publicado na *Review and Herald* de 18 de agosto de 1904, dei uma descrição da propriedade e um esboço dos planos propostos para serem realizados no funcionamento da escola, como segue:

Em conexão com a obra em Nashville, gostaria de falar do trabalho escolar que os irmãos Sutherland e Magan estão planejando fazer. Fiquei surpresa quando, ao falar da obra que queriam fazer no Sul, eles falaram sobre estabelecer uma escola em algum lugar distante de Nashville. Segundo a luz que me foi dada, eu sabia que essa não seria a coisa certa a fazer, e lhes disse isso. A obra que esses irmãos podem fazer, por causa da experiência adquirida em Berrien Springs, deve ser realizada numa área de fácil acesso a Nashville, pois Nashville ainda não foi trabalhada como deveria ser. E a proximidade de Nashville vai ser uma grande bênção para os obreiros da escola, pois poderão se aconselhar com os obreiros de lá.

Enquanto buscavam um lugar para a escola, os irmãos encontraram uma fazenda de aproximadamente 162 hectares à venda, cerca de 14 km de Nashville. O tamanho da fazenda, sua condição, a distância até Nashville e o valor moderado pelo qual poderia ser adquirida pareciam apontá-la como o lugar certo para a obra educacional. Aconselhamos que este lugar fosse comprado. Eu sabia que todo o terreno acabaria por ser necessário. Essas terras podem ser usadas com vantagem para o trabalho dos alunos e na construção de casas para os professores. E à medida que nosso trabalho avançar, uma parte dessa extensão de terra pode ser solicitada para a construção de um sanatório no campo.

Outras propriedades foram examinadas, mas não encontramos nada tão bem adaptado para a nossa obra. O preço do local, incluindo as lavouras já existentes, máquinas agrícolas e mais de setenta cabeças de gado, era de 12.723 dólares. Ele foi comprado e, assim que possível, os irmãos Magan e Sutherland, com alguns ajudantes experientes, começarão a obra educacional naquele lugar. Estamos confiantes de que o Senhor tem guiado este assunto.

Planos Propostos

O plano sobre o qual nossos irmãos se propõem a trabalhar é: selecionar alguns dos melhores e mais vigorosos jovens, homens e mulheres, de Berrien Springs e de outros lugares do Norte, que acreditam que Deus os chamou para trabalhar no Sul, e dar-lhes um breve treinamento como professores. Será dada instrução completa em estudos da Bíblia, em fisiologia e na história da nossa mensagem, bem como instrução especial sobre agricultura. Espera-se que muitos desses estudantes acabem por se conectar com escolas em vários lugares do Sul. Em conexão com essas escolas, haverá terras que serão cultivadas por professores e alunos, e os lucros desse trabalho serão utilizados para o sustento das escolas.

Fomos ver a fazenda mais uma vez após sua compra ser concluída, e ficamos muito satisfeitos com ela. Espero, sinceramente, que o estabelecimento da escola naquele local seja um sucesso e que ajude a progredir a obra do Senhor naquela parte da vinha. Existem homens de recursos em várias partes da região que podem apoiar esse empreendimento por meio de empréstimos sem juros e doações liberais.

Apoiemos os irmãos Sutherland e Magan em seus esforços para o avanço dessa importante obra. Eles adquiriram uma experiência valiosa em Berrien Springs e, pela providência de Deus, sentiram que devem trabalhar no campo do Sul. Deus os auxiliou constantemente em seus esforços em Berrien Springs, enquanto avançavam de maneira firme, determinados de que os obstáculos não parariam a obra. Eles não estão deixando Berrien Springs por causa de dissensão ou contenda. Não estão fugindo do dever. Eles estão deixando um lugar onde uma escola foi estabelecida para ir para um novo campo, onde a obra talvez seja muito mais difícil. Os recursos que possuem são suficientes para pagar apenas uma parte do preço do terreno. Eles não devem ser deixados sozinhos na luta, incompreendidos e sem ajuda, sacrificando a saúde.

Enquanto esses irmãos vão para o Sul assumir um trabalho pioneiro num campo difícil, pedimos ao nosso povo que torne o trabalho deles o mais eficaz possível, auxiliando-os na criação da nova escola perto de Nashville.

Peço ao nosso povo que apoie a obra no campo do Sul, auxiliando os irmãos Sutherland e Magan, bem como seus fiéis companheiros, a levar avante o importante empreendimento que tomaram sobre si. Irmãos e irmãs, a pobreza e as necessidades do campo do Sul clamam urgentemente por sua ajuda. Há uma grande obra a ser feita nesse campo, e pedimos que vocês façam a parte que lhes cabe.

Capítulo 4 – Um Sanatório no Campo

No início da história da escola de Madison, foi sugerido que um hospital fosse estabelecido numa parte da propriedade adquirida para a fazenda da escola. Em algumas cartas escritas aos responsáveis pela obra médico-missionária nos Estados do Sul, apontei as vantagens que podem ser alcançadas com o estabelecimento de uma escola de formação e de um sanatório próximos um do outro. Essas cartas foram escritas no outono de 1904 e, um ano depois, os princípios estabelecidos nessas correspondências foram incorporados em um artigo, e este foi enviado para os irmãos reunidos em uma Convenção Médica Missionária em College View, Nebraska, entre 21 e 26 de novembro de 1905.

Segue abaixo o artigo:

A Cooperação entre as Escolas e os Sanatórios

Fui instruída de que existem grandes vantagens a ser obtidas ao se estabelecerem uma escola e um sanatório próximos um do outro, para que possam se ajudar mutuamente. Foi-me dada instrução em relação a isso quando tomávamos decisões sobre a localização dos nossos edifícios em Takoma Park. Sempre que for possível ter uma escola e um hospital suficientemente próximos para uma útil cooperação entre os dois, e ainda suficientemente afastados para impedir que um interfira no trabalho do outro, deixem que estejam localizados de modo a trabalhar em conjunto. Uma instituição dará influência e força à outra; além disso, ambas as instituições podem economizar dinheiro, porque uma pode compartilhar das vantagens da outra.

Em conexão com nossas escolas maiores, devem ser providenciadas instalações para dar a muitos estudantes instrução completa sobre a obra médico-missionária evangelística. Essa linha de trabalho deve ser introduzida em nossas faculdades e escolas de formação como parte da instrução regular. Isso fará com que seja desnecessário que nossa juventude vá, de todas as partes do país, a Battle Creek ou a qualquer outro lugar para obter uma educação e uma formação sólida e satisfatória.

Os que estão se preparando para ser enfermeiros e médicos devem, diariamente, receber instrução que desenvolverá os mais elevados motivos para o avanço. Eles devem frequentar nossas faculdades e escolas de formação; e os professores dessas instituições de ensino devem reconhecer sua responsabilidade de trabalhar e orar com os alunos. Nessas escolas, os alunos devem aprender a ser verdadeiros médicos missionários, firmemente conectados com o ministério evangelístico.

Aqueles de nosso povo que têm profundo interesse nas crianças e nos jovens, e na formação de obreiros que levem avante a obra essencial para este tempo, não precisam ser deixados em perplexidade e incerteza quanto às medidas a serem tomadas para a formação médico-missionária de sua juventude. Deus abrirá portas diante de todos os que O buscam humildemente pedindo sabedoria no aperfeiçoamento do caráter cristão. Ele terá lugares prontos para que eles comecem a fazer o trabalho missionário genuíno. Nossas escolas e hospitais são estabelecidos para preparar trabalhadores para esta obra.

A fim de que essa linha de esforço seja fortalecida, foi aconselhado que, em conexão com nossas escolas maiores, pequenos sanatórios fossem estabelecidos. Sempre que um hospital bem equipado estiver localizado perto de uma escola, este poderá contribuir grandemente para o fortalecimento do curso médico-missionário da escola, se os administradores estabelecerem uma cooperação perfeita entre as duas instituições. Os professores da escola podem ajudar os obreiros do sanatório com seus conselhos e orientações e, às vezes, falando aos pacientes. E, em troca, os responsáveis pelo hospital podem ajudar no treinamento para o serviço de campo dos alunos que estão desejosos de se tornar médicos-missionários. As circunstâncias, é claro, devem determinar os detalhes dos melhores arranjos a serem feitos. À medida que os obreiros de cada instituição planejarem ajudar um ao outro desinteressadamente, a bênção do Senhor certamente repousará sobre ambas as instituições.

Nenhum homem, seja ele professor, médico, ou ministro, pode esperar ser um todo completo. Deus deu certos dons a cada homem e ordenou que eles se associassem em Seu serviço a fim de que os diversos talentos de muitas mentes sejam combinados. O contato de mente com mente tende a suscitar os pensamentos e aumentar as capacidades. As deficiências de um obreiro são frequentemente compensadas pelos dons especiais de outro; e, à medida que médicos e professores, assim unidos, se associarem na transmissão de seus conhecimentos, os jovens sob sua tutela receberão uma educação simétrica e equilibrada para o serviço.

Em todos esses esforços, haverá muitas oportunidades para manifestação de cortesia e cavalheirismo. O Cristão é sempre cortês. E pela associação com seus companheiros de trabalho, ele se torna cada vez mais refinado. Ele aprende a ignorar pequenos pontos de divergência a respeito de questões sem consequência vital. Esse tipo de homem, quando encarregado de alguma das instituições do Senhor, está disposto a negar a si mesmo e ceder em suas opiniões pessoais sobre assuntos de menor importância, a fim de que, com todo o amor fraternal, ele coopere animadamente com os administradores de outra instituição próxima. Ele não hesita em falar claramente e com firmeza quando a ocasião exigir; mas cada palavra e ato seu será temperado com uma cortesia tão gentil, tão semelhante à de Cristo que ninguém se sentirá ofendido. A influência para o bem, exercida por um cavalheiro cristão ativo e consagrado, é poderosa. E quando os dirigentes de nossas instituições vizinhas aprendem a unir suas forças, e trabalhar de forma desinteressada e incansável para a edificação da obra uns dos outros, os resultados para o bem são de longo alcance.

Os benefícios da cooperação sincera alcançam não somente os médicos e professores, alunos e auxiliares do sanatório. Quando um sanatório é construído perto de uma escola, os responsáveis pela instituição de ensino têm grande oportunidade de dar um exemplo positivo para aqueles que, ao longo da vida, foram permissivos e indolentes, e que vêm para o sanatório a fim de ser tratados. Os pacientes verão o contraste entre a vida ociosa e de satisfação própria vivida por eles e a vida de abnegação e serviço vivida pelos seguidores de Cristo. Eles vão aprender que o objetivo da obra médico-missionária é restaurar, corrigir erros e mostrar aos seres humanos como evitar a satisfação dos próprios desejos, que traz doença e morte.

As palavras e ações dos obreiros do hospital e da escola revelam claramente que a vida é algo profundamente solene, do ponto de vista das contas que todos devem prestar a Deus. Cada um deve, agora, entregar seus talentos aos banqueiros, fazendo aumentar a dádiva do Mestre, abençoando outros com as bênçãos que lhe foram concedidas. No dia do juízo, o trabalho da vida de cada um é investigado, e cada um recebe recompensa proporcional aos esforços empreendidos.

Para que os melhores resultados possam ser atingidos pelo estabelecimento de um sanatório próximo a uma escola, deve haver perfeita harmonia entre os obreiros de ambas as instituições. Às vezes, isso é difícil de acontecer, especialmente quando professores e médicos tendem a ser egocêntricos, cada um considerando como de maior importância o trabalho com o qual está mais intimamente ligado. Quando homens autoconfiantes são dirigentes de instituições vizinhas, grande aborrecimento pode resultar se cada um estiver determinado a seguir seus próprios planos, recusando-se a fazer concessões a outros. Tanto os responsáveis pelo sanatório quanto os responsáveis pela escola deverão se guardar de agarrar-se tenazmente às suas próprias ideias a respeito de coisas que não são realmente essenciais.

Há uma grande obra a ser feita por nossos hospitais e escolas. O tempo é curto. O que deve ser feito deve ser feito rapidamente. Os que estão ligados a esses importantes instrumentos devem se converter completamente. Que eles não vivam para si, para fins mundanos, abstendo-se da total consagração ao serviço para Deus. Que eles se entreguem, corpo, alma e espírito, a Deus, para serem usados por Ele a fim de salvar almas. Eles não têm a liberdade de fazer consigo mesmos o que quiserem; eles pertencem a Deus, pois Ele os comprou com o sangue doador de vida de seu Filho unigênito. À medida que aprenderem a permanecer em Cristo, não permanecerá no coração nenhum espaço para o egoísmo. Eles encontrarão a mais plena satisfação em Seu serviço.

Que isso seja ensinado e vivido pelos médicos-missionários. Que esses trabalhadores contem àqueles com quem entram em contato que a vida que os homens e as mulheres vivem hoje será examinada um dia por um Deus justo, e que cada um deve fazer o seu melhor agora, oferecendo a Deus serviço consagrado. Os responsáveis pela escola devem ensinar os alunos a usar os talentos que Deus lhes deu para o mais alto e sagrado propósito, para que possam realizar o maior bem neste mundo. Os alunos devem aprender o que significa ter um objetivo real na vida, e devem obter uma compreensão elevada do que significa a verdadeira educação. Eles precisam aprender o que significa ser verdadeiros evangelistas médicos-missionários — missionários que podem sair para trabalhar com os ministros da Palavra em áreas carentes.

Onde quer que haja uma oportunidade favorável, que os nossos hospitais e nossas escolas se planejem para ser uma ajuda e uma força um ao outro. O Senhor deseja que a Sua obra avance de maneira sólida. Que a luz de Suas instituições brilhe como Deus planejou, e que Deus seja glorificado e honrado. Esse é o propósito e o plano do Céu no estabelecimento dessas instituições. Que os médicos, os enfermeiros, os professores e os alunos andem humildemente com Deus, confiando inteiramente nEle como o único que pode fazer com que o trabalho deles seja bem-sucedido.

14 de novembro de 1905.

Capítulo 5 – Trabalhando em Unidade e em Fé

Sanatório, Califórnia,
15 de outubro de 1906.

Queridos irmãos,

Sempre deve ser visto, entre os irmãos envolvidos nos vários ramos da obra do Senhor, um desejo de encorajar e fortalecer um ao outro. O Senhor não se agrada da atitude daqueles que dificultam o caminho de alguns que estão realizando o trabalho que lhes foi designado pelo Mestre. Se esses críticos fossem colocados na posição daqueles a quem eles criticam, desejariam um tratamento muito diferente daquele que dão aos seus irmãos.

Devemos respeitar a luz que levou os irmãos Magan e Sutherland a comprar a propriedade e estabelecer a escola em Madison. Que ninguém fale palavras que tendam a desmerecer seu trabalho, ou desviar alunos da escola. Eu não acuso ninguém de ter a intenção de fazer algum mal, mas com base na luz que recebi, posso dizer: há perigo de que alguns critiquem injustamente o trabalho de nossos irmãos e irmãs ligados à escola de Madison. Que todo o incentivo possível seja dado àqueles que estão engajados no esforço de educar crianças e jovens no conhecimento de Deus e de Sua lei.

Para os obreiros em Madison, eu diria: Tenham bom ânimo. Não percam a fé. O Pai celestial de vocês não os abandonou para que alcancem o sucesso mediante seus próprios esforços. Confiem nEle, e Ele vai trabalhar por vocês. É privilégio de vocês vivenciar e demonstrar as bênçãos resultantes de andar pela fé e não pela visão. Trabalhem visando unicamente à glória de Deus. Aproveitem ao máximo suas capacidades, e vocês crescerão em conhecimento. Pode ser permitido àqueles que fazem a vontade de Deus passar por sofrimento, mas o Senhor fará com que eles finalmente triunfem.

O Senhor lhes ajudou na escolha do local para a escola, e enquanto vocês continuarem trabalhando sob a orientação do Espírito Santo, seus esforços serão bem-sucedidos. O Senhor vai lhes conceder espírito e vida se vocês não se permitirem desanimar. Nossa confiança é que vocês recebam a ajuda da ação harmoniosa, das orações e dos recursos de seus irmãos. Mas não permitam que nenhum sentimento de desânimo seja acariciado. O Senhor tem uma obra a ser realizada por vocês onde estão, e os que estão fazendo Sua obra nunca precisam desanimar.

Sanatório, Califórnia,
30 de outubro de 1906.

Querido irmão _______,

A escola de Madison deve ser tratada de forma justa, sim, de forma correta e leal. Se todos desempenharem uma parte para ajudar esta escola, o Senhor os abençoará. Estou determinada a fazer a minha parte. Não perdi nem um jota do meu interesse no campo do Sul. Quero desempenhar uma parte em ajudar todas as linhas da obra.

Vamos levar todas essas cargas para o Senhor Deus de Israel. Vamos trabalhar em Seu nome e para a Sua glória. Nosso coração precisa estar cheio de compaixão. Precisamos ter coragem e alegria no Senhor. Nunca, nunca deixem que sejam proferidas palavras que aumentem o peso do fardo daqueles que há muito lutam para cumprir a vontade expressa e o propósito de Deus. Acredito plenamente que aqueles que estão ligados à escola de Madison estão realizando a vontade de Deus. Acredito que esta fazenda é o lugar certo para a escola. Devem ser tomadas medidas para ajudar esta instituição. Os que estão lutando para estabelecer esta escola devem ser ajudados.

O Senhor é bom; vamos confiar nEle. Eu amo muito o Senhor, mas meu coração dói em ver e sentir a magnitude das necessidades que precisam ser atendidas. Nós diremos: O Senhor vive, e Ele é rico em recursos. Tenhamos o coração agradecido e bom ânimo no Senhor. Mantendo nossos olhos fixos em Jesus, podemos triunfar nEle.

6 de novembro de 1906.

O caso da escola de Madison e a boa obra que deve ser feita lá, sem impedimentos, me foram apresentados; e planejei que esta soma de dinheiro, embora pequena em comparação com o que eles realmente precisam, fosse investida nesse empreendimento. Minha mente não poderia descansar até que isso fosse feito. Os obreiros de lá poderiam usar o dobro desse valor e obter bons resultados. Foi-me mostrado que, já anteriormente, nosso povo deveria ter providenciado recursos para esta escola e, assim, tê-la colocado em terreno vantajoso. E esta ainda é a maneira como enxergo o assunto.

Os irmãos _______ e _______ são homens nos quais eu tenho confiança. Eu incentivei a compra da fazenda na qual está estabelecida a escola de Madison. Se ela tivesse sido localizada ainda mais longe de Nashville, isso não teria sido uma objeção. Ela está bem localizada, e produzirá seus tesouros. Os que estão levando a cabo o trabalho desta escola precisam e devem receber incentivos. Os irmãos que se encarregam de responsabilidades de natureza diversa deveriam, em certos aspectos, dar liberdade àqueles que possuem tanto bom senso quanto eles sobre as necessidades da fazenda em relação a prédios para a obra hospitalar e educacional.

A fazenda da escola de Madison deve ser uma lição prática para o campo do Sul. Ela tem uma excelente localização, e está tão perto de Nashville quanto deveria estar.

Sanatório, Califórnia,
19 de janeiro 1907.

Irmão ______,

Querido irmão,

Hoje estou sentindo um pesado fardo em meu coração. Ontem à noite, alguns assuntos de especial importância me foram apresentados. Parecia que eu passava por um sério conflito. Eu falava a um grupo de homens e mulheres, e apresentava-lhes os perigos do nosso povo. Falei de nossa grande necessidade de estar mais com Deus em oração. Eu tinha palavras de encorajamento para dar a diferentes pessoas.

Foram-me dadas palavras de instrução para dizer a você e aos irmãos ______, ______ e ______. Eu disse: Você tem uma obra a fazer para encorajar o trabalho da escola em Madison, Tennessee. Há poucos professores entre nós que tiveram a experiência de levar adiante o trabalho em lugares difíceis. Os obreiros que têm se esforçado para realizar o ideal e a vontade de Deus em Madison não vêm recebendo o devido incentivo. A menos que o irmão Sutherland seja aliviado de parte da pressão que está sobre ele, ele vai sucumbir sob o fardo.

Vocês podem perguntar: O que é necessário? Eu respondo: É o incentivo. Os irmãos Sutherland e Magan aprenderam uma lição severa no passado. O Senhor enviou-lhes correção e instrução, e eles receberam a mensagem do Senhor e fizeram confissões. ...

Quando eu estava em Washington (agosto de 1904), supliquei que os irmãos Sutherland e Magan acreditassem que Deus havia perdoado seus erros; e, desde então, tenho tentado, através de ajuda e encorajamento, fazê-los perceber que o Senhor os tinha colocado em posição vantajosa.

É seu privilégio, irmão ______, e privilégio daqueles que têm grande influência na obra, fazer esses irmãos entenderem que eles têm a confiança e o encorajamento de vocês no trabalho que estão bravamente realizando. O irmão Sutherland está num estado precário de saúde. Não podemos nos dar ao luxo de perdê-lo; precisamos de sua experiência na obra educacional. Os irmãos que possuem influência devem fazer tudo que estiver ao seu alcance para amparar as mãos desses obreiros, incentivando e apoiando a obra da escola de Madison. Recursos devem ser destinados para suprir as necessidades da obra em Madison, para que o trabalho dos professores não seja tão difícil no futuro.

Capítulo 6 – Carta a um Presidente de Associação

Sanatório, Califórnia,
5 de fevereiro de 1907.

Querido irmão,

Eu escrevo para pedir-lhe que se interesse pela escola de Madison. Os irmãos Sutherland e Magan têm trabalhado diligentemente, muito além de suas forças, para iniciar a obra educacional nesse lugar, que foi indicada pelo Senhor. Eles têm se esforçado para estabelecer uma escola que prepare moças e rapazes para atuar como missionários no campo do Sul.

No presente momento, eles deveriam ter cinco mil dólares para poderem fornecer instalações adequadas para o trabalho; e mais ainda deve ser providenciado para que um pequeno sanatório possa estar ligado à escola.

Até agora, eles receberam muito pouca ajuda nesse empreendimento, quando comparado às necessidades e à importância da obra. Eles têm trabalhado arduamente e feito planos para proporcionar uma educação que seja essencial para preparar obreiros para ensinar os ignorantes e explicar-lhes as Escrituras. Além do estudo dos livros, os alunos são ensinados a cultivar o solo, construir casas e realizar outros tipos de trabalho útil.

A localização da escola de Madison é excelente, e possui grandes vantagens para a obra escolar. Mas os líderes desse trabalho estão carregando um fardo muito pesado, e deveriam ser aliviados da grande ansiedade que repousa sobre eles devido à falta de recursos para realizar o necessário em termos de providenciar condições adequadas para uma escola bem-sucedida.

Devemos permitir que esses obreiros sejam sobrecarregados além de suas forças, levando adiante, quase sozinhos, um trabalho que deveria receber a cooperação sincera de seus irmãos?

Apelo aos nossos irmãos em _______ para ajudar nessa emergência, e fazer uma doação liberal para a escola de Madison, para que possam construir um edifício para capela e escola. Esse prédio deveria ter-lhes sido fornecido há muito tempo. Não vamos deixar que estes homens trabalhem sob as desvantagens presentes, quando o tempo é tão precioso e a necessidade de trabalhadores capacitados no Sul é tão grande.

O trabalho no Sul tem sido tristemente negligenciado. É chegada a hora de nossas igrejas se despertarem para o seu dever neste campo necessitado. A luz deve brilhar em meio à escuridão moral de ignorância e superstição. A verdade em sua simplicidade deve ser levada aos que estão na ignorância.

Nas escolas comuns, algumas das coisas que são ensinadas são mais um obstáculo do que uma bênção. Precisamos de escolas onde a palavra de Deus seja usada como base da educação. A escola de formação de professores em Madison deve ter o apoio vigoroso do povo de Deus. Por isso, peço que você e seus colegas da comissão da Associação ajudem liberalmente nossos irmãos de Madison nessa importante obra.

Capítulo 7 – Carta à Comissão da União do Sul

Sanatório, Califórnia,
24 de fevereiro de 1907.

Queridos irmãos,

Tenho uma mensagem para dar ao nosso povo no campo do Sul. Há um trabalho importante a ser levado avante em Nashville e arredores, e um decidido interesse deve ser manifestado nesse campo.

Os irmãos Sutherland e Magan, bem como seus associados, começaram o trabalho em Madison em harmonia com a direção do Espírito de Deus. O Senhor os guiou na escolha de um local para a escola. Se um pequeno sanatório tivesse sido estabelecido em conexão com a escola, teria sido de acordo com o propósito de Deus; e essas duas instituições teriam sido uma ajuda mútua. Isso ainda não foi feito, mas nossos irmãos em Madison não precisam ficar desanimados.

Eu diria aos nossos irmãos no campo do Sul: Que nenhuma restrição seja colocada sobre a escola de Madison que limite seu trabalho em seu campo de atuação. Se os irmãos Sutherland e Magan prometeram não convocar para a escola nenhum aluno dos Estados do Sul, eles devem ser liberados de qualquer restrição desse gênero. Essa promessa nunca deveria ter sido solicitada ou admitida. Fui instruída a dizer que não deve haver nenhum tipo de restrição que limite a liberdade deles de convocar alunos no campo do Sul. Necessita-se de uma instituição como a estabelecida próximo a Nashville; e que ninguém tente impedir a frequência de alunos que, nessa escola, estão em melhores condições de receber o treinamento que irá prepará-los para trabalhar nos Estados do Sul e em outros campos missionários.

Em Berrien Springs, os irmãos Sutherland e Magan realizaram uma obra de autossacrifício. Eles não deixaram o Norte porque tinham perdido sua influência; eles foram para o Sul porque viram as necessidades desse campo. Em seu trabalho em Madison, eles devem receber encorajamento daqueles a quem vieram ajudar. Aqueles que são responsáveis pelo desembolso de fundos direcionados para o campo do Sul não devem deixar de prestar ajuda adequada à escola de Madison.

Na escola de Madison, os alunos são ensinados a cultivar o solo, construir casas e realizar outras formas de trabalho útil. Estas são algumas das frentes de trabalho que o Senhor nos instruiu a introduzir em nossa escola na Austrália. Com treinamento prático, os alunos serão preparados para ocupar posições úteis em muitos lugares.

Habilidade nas artes comuns é um dom de Deus. Ele fornece tanto o dom quanto a sabedoria para usar o dom corretamente. Quando Ele desejou que uma obra fosse feita no tabernáculo, lemos: "Eis que chamei pelo nome a Bezalel, filho de Uri, filho de Hur, da tribo de Judá, e o enchi do Espírito de Deus, de habilidade, de inteligência e de conhecimento, em todo artifício".

Por meio do profeta Isaías, o Senhor diz: "Inclinai os ouvidos e ouvi a Minha voz; atendei bem e ouvi o Meu discurso. Porventura, lavra todo dia o lavrador, para semear? Ou todo dia sulca a sua terra e a esterroa? Porventura, quando já tem nivelado a superfície, não lhe espalha o endro, não semeia o cominho, não lança nela o trigo em leiras, ou cevada, no devido lugar, ou a espelta, na margem? Pois o seu Deus assim o instrui devidamente e o ensina.

"Porque o endro não se trilha com instrumento de trilhar, nem sobre o cominho se passa roda de carro; mas com vara se sacode o endro, e o cominho, com pau. Acaso, é esmiuçado o cereal? Não; o lavrador nem sempre o está debulhando, nem sempre está fazendo passar por cima dele a roda do seu carro e os seus cavalos. Também isso procede do Senhor dos Exércitos; ele é maravilhoso em conselho e grande em sabedoria". [Is 28:23-29].

Hoje, o Senhor, com efeito, chamou alguns para a obra de ensinar outros, para prepará-los para servir em Sua causa. Que aqueles que foram chamados se dirijam alegremente ao seu campo de trabalho, seguindo sempre a direção de Deus.

Deus distribui seus dons como Lhe agrada. Ele dá um dom a um, e outro dom a outro, mas tudo para o bem do corpo inteiro. É segundo o plano de Deus que alguns sejam úteis em determinado ramo de trabalho, e outros em outros ramos — todos trabalhando sob o mesmo Espírito. O reconhecimento desse plano será uma salvaguarda contra a emulação carnal, o orgulho, a inveja ou o desprezo de outros. Reforçará a unidade e o amor mútuo.

Se a providência de Deus assim o indicar, e tornar-se necessário erguer uma casa de reunião em alguma localidade, o Senhor fica honrado se houver, entre Seu próprio povo, pessoas a quem ele concedeu sabedoria e habilidades para realizar o trabalho necessário. Ele envia homens para levar Sua verdade a pessoas de língua estrangeira, e tem, por vezes, aberto a mente de Seus missionários, capacitando-os a aprender a nova língua rapidamente. Os mesmos a quem eles vieram ajudar espiritualmente vão ajudá-los a aprender a língua. Através dessa relação, os nativos são preparados para ouvir a mensagem do evangelho quando esta for transmitida em sua própria língua.

Capítulo 8 – Uma educação missionária

Na obra de salvar almas, o Senhor convoca obreiros para trabalhar juntos com diferentes planos, ideias e métodos variados de trabalho. Mas, com essa diversidade de mentalidades, deve ser revelada uma unidade de propósito. Muitas vezes, no passado, a obra que o Senhor planejou que prosperasse tem sido dificultada, pois há homens que tentam colocar um jugo sobre seus colegas de trabalho que não seguem os métodos que eles julgam ser os melhores.

Nenhum padrão exato pode ser estabelecido para a criação de escolas em novos campos. O clima, o ambiente, a situação do país e os meios disponíveis para o trabalho devem exercer um papel no delineamento da obra. As bênçãos de uma educação integral trarão sucesso à obra missionária cristã. Através dela, almas serão convertidas para a verdade.

"Vós sois a luz do mundo", declara Cristo. "Assim, brilhe vossa luz diante dos homens, para que vejam as vossas boas obras e glorifiquem vosso Pai que está nos céus". Nestes últimos dias, a obra de Deus na terra deve refletir a luz que Cristo trouxe ao mundo. Esta luz deve dissipar a grande escuridão dos séculos. Homens e mulheres em escuridão pagã devem ser alcançados por aqueles que, em algum momento, estiveram em condição similar de ignorância, mas receberam o conhecimento da verdade da Palavra de Deus. Essas nações pagãs aceitarão avidamente a instrução dada em forma de conhecimento de Deus.

A obra de Deus na terra é muito preciosa aos Seus olhos. Cristo e os anjos celestiais a estão vigiando a cada momento. À medida que a vinda de Cristo se aproxima, a obra missionária vai ocupar cada vez mais nossos esforços. A mensagem do poder renovador da graça de Deus será levada a todos os países e regiões, até que a verdade circunde o mundo. Entre o número daqueles que serão selados estarão os que vieram de cada nação, e tribo, e língua e povo. Homens e mulheres serão reunidos de todos os países e estarão diante do trono de Deus e diante do Cordeiro, clamando: "Salvação ao nosso Deus, que está assentado no trono, e ao Cordeiro". Mas antes que esta obra possa ser realizada, devemos experimentar, aqui mesmo, em nosso próprio país, a obra do Espírito Santo em nosso coração.

Deus me revelou que corremos grande perigo de trazer para nossa obra educacional os costumes e modas que prevalecem nas escolas do mundo. Se os professores não forem vigilantes em seu trabalho, eles colocarão jugos mundanos sobre os ombros de seus alunos, em vez do jugo de Cristo. O planejamento das escolas que devemos estabelecer nestes anos finais da obra deve ser de ordem completamente diferente daquelas que instituímos no passado.

Por essa razão, Deus nos ordena estabelecer escolas fora das cidades, onde, sem impedimentos, poderemos dar prosseguimento ao nosso trabalho de educação, pautado em planos que estejam em harmonia com a solene mensagem que nos foi confiada para dar ao mundo. Tal educação pode ser melhor implementada onde exista terra para cultivar, e onde o tipo de exercício físico praticado pelos alunos seja de tal natureza que venha a desempenhar uma parte importante na construção de seu caráter e em sua preparação para o serviço útil nos campos aos quais irão.

Deus abençoará o trabalho daquelas escolas dirigidas de acordo com Seu desígnio. Quando estávamos trabalhando para estabelecer o trabalho educacional na Austrália, o Senhor nos revelou que esta escola não deveria ser moldada de acordo com nenhuma das escolas que tinham sido estabelecidas no passado. Esta deveria ser uma escola modelo. A escola foi organizada com base no plano que Deus nos dera, e Ele tem feito seu trabalho prosperar.

Foi-me mostrado que, em nosso trabalho educativo, não devemos seguir os métodos adotados por nossas escolas mais antigas. Há entre nós muito apego a velhos costumes, e por isso estamos muito aquém de onde deveríamos estar no avanço da mensagem do terceiro anjo. Visto que os homens não conseguiam compreender o propósito de Deus nos planos a nós apresentados para a educação dos obreiros, alguns métodos foram adotados, em algumas de nossas escolas, os quais têm causado atraso, em vez de avanço, na obra de Deus. Anos se passaram para a eternidade, com pequenos resultados, que poderiam ter presenciado a realização de uma grande obra. Se a vontade do Senhor tivesse sido seguida pelos trabalhadores na terra assim como é seguida pelos anjos no céu, muito do que agora resta a ser feito já estaria terminado, e nobres resultados seriam vistos como fruto do esforço missionário.

A utilidade aprendida na fazenda escolar é a educação mais essencial para os que saem como missionários a muitos campos estrangeiros. Se essa formação é dada visando à glória de Deus, grandes resultados serão vistos. Nenhum trabalho será mais eficaz do que o realizado por aqueles que, tendo obtido uma educação na vida prática, saem para os campos missionários com a mensagem da verdade, preparados para instruir como foram instruídos. O conhecimento que adquiriram no cultivo do solo e em outras formas de trabalho manual, e que carregam consigo para seus campos de trabalho, vai torná-los uma bênção, mesmo em terras pagãs.

Antes que possamos levar a mensagem da verdade presente em toda a sua plenitude a outros países, devemos primeiro romper todo jugo. Precisamos entrar na linha da verdadeira educação, andando na sabedoria de Deus, e não na sabedoria do mundo. Deus chama mensageiros que serão verdadeiros reformadores. Devemos educar, educar, para preparar um povo que irá entender a mensagem, e então dar a mensagem ao mundo.

Tem havido uma falha decisiva em satisfazer as exigências de Deus no campo do Sul. Precisamos clamar ao Senhor por entendimento para enxergarmos nossa deficiência e compreendermos a situação no Sul, bem como a necessidade de fazer o trabalho missionário que se encontra à nossa mão. As pessoas sem instrução no Sul precisam do conhecimento do evangelho tanto quanto os pagãos em terras distantes. Deus pede que estudemos como atingir as classes negligenciadas de brancos e negros do Sul, e com toda habilidade que pudermos adquirir, trabalhemos pelas almas desses homens e mulheres.

A Escola de Madison

Os irmãos Sutherland e Magan, juntamente com seus companheiros fiéis, enfrentaram um grande problema para se adaptar, com recursos limitados, ao trabalho em Madison, no Tennessee. Eles tinham muitos obstáculos e dificuldades a enfrentar, algumas das quais nunca precisavam ter adentrado a obra.

Esses irmãos foram convencidos a comprar o lugar ocupado atualmente pela escola de Madison devido à luz especial que me foi dada de que esse lugar era bem adequado ao trabalho educacional que era muito necessário ali. Foi-me mostrado que, nesse lugar, poderia ser dada vantajosa educação integral aos alunos que viessem do Norte e do Sul para receber instrução. Considerando o trabalho que já foi realizado pela escola de Madison, o Senhor está mostrando que tem abençoado a obra desenvolvida lá, e tem guiado os professores que juntos estão levando o fardo da obra.

Muitos obstáculos foram colocados no caminho dos pioneiros da escola de Madison, a ponto de desencorajá-los e desviá-los do campo. Esses obstáculos não foram colocados ali pelo Senhor. Em alguns aspectos, o planejamento e os expedientes humanos finitos têm trabalhado contra a obra de Deus.

Sejamos cuidadosos, irmãos, para não nos opormos e impedirmos o progresso de outros, atrasando assim o avanço da mensagem do evangelho. Isso tem acontecido, e é por isso que agora sou compelida a falar tão claramente. Se o empreendimento escolar em Madison tivesse recebido auxílio adequado, seu trabalho poderia estar em um estágio muito mais avançado de desenvolvimento no momento. O trabalho em Madison está tendo um progresso lento, mas ainda assim, apesar dos obstáculos e impedimentos, esses obreiros não fracassaram nem desanimaram; e foram capacitados a realizar um bom trabalho na causa de Deus.

O Senhor não limita o trabalho de seus obreiros a alguns setores como os homens estão acostumados a fazer. Os irmãos Magan e Sutherland foram prejudicados desnecessariamente em seu trabalho. Eles foram privados de recursos porque, na organização e gestão da escola de Madison, ela não foi colocada sob o controle da Associação. Mas as razões pelas quais a escola não se tornou propriedade da Associação e não foi controlada por ela não foram devidamente consideradas.

A falta de interesse nesta obra, por parte de alguns que deveriam tê-la valorizado em alto grau, é decididamente equivocada. Nossos irmãos devem ficar vigilantes para não repetir tais experiências.

O Senhor não exige que a obra educacional em Madison seja completamente alterada antes que possa receber o apoio caloroso do nosso povo. A obra que tem sido feita lá tem a aprovação de Deus, e Ele proíbe que esse tipo de trabalho seja rompido. O Senhor continuará a abençoar e amparar os obreiros enquanto seguirem Seu conselho.

Os irmãos Sutherland e Magan foram designados para realizar a obra do Senhor em Madison tão verdadeiramente quanto outros obreiros são apontados para desempenhar a sua parte na causa da verdade presente. A luz que me foi dada indica que devemos ajudar esses irmãos e seus colaboradores, que têm trabalhado além de suas forças, sob grandes desvantagens. Vamos procurar entender a situação e cuidar para que a justiça e a misericórdia não sejam esquecidas na distribuição de recursos.

Os líderes do trabalho na escola de Madison são cooperadores de Deus. Seus irmãos devem fazer mais por eles. O dinheiro do Senhor deve sustentá-los em seu trabalho. Eles têm o direito de partilhar dos meios fornecidos para a causa. Eles devem receber uma parte proporcional dos meios angariados para a promoção da causa.

18 junho de 1907.
Ellen G. White

Apêndice B – Apelo em Prol da Escola de Madison

Ellen G. White
1908

Conheço as necessidades da obra que está sendo realizada pelos irmãos Magan e Sutherland e seus co-obreiros em Madison, Tennessee, pois o Senhor me apresentou claramente essa questão.

A luz havia sido dada de que uma grande obra devia ser realizada dentro e ao redor de Nashville. Quando esses irmãos estavam em busca de um local para a escola, encontraram a fazenda onde a instituição hoje se encontra. O preço era razoável e as vantagens eram muitas. Foi-me mostrado que a propriedade deveria ser adquirida para a escola, e eu os aconselhei a não procurar mais.

O Caráter da Obra

A escola em Madison não só educa no conhecimento das Escrituras, como também dá treinamento prático que capacita os alunos a sair como missionários de sustento próprio nos campos para os quais são chamados. Em sua obra em Madison, os irmãos Sutherland e Magan, bem como seus colaboradores, têm suportado provações com nobreza. Os estudantes aprendem a cultivar as próprias lavouras, a construir as próprias casas e a cuidar com sabedoria do gado e de aves. Eles têm aprendido a se tornar autossustentáveis, e não poderiam receber treinamento mais importante do que esse. Desse modo, eles têm obtido uma educação valiosa para a utilidade em campos missionários.

A isso é acrescentado o conhecimento de como tratar os doentes e cuidar dos feridos. Essa formação para o trabalho médico-missionário é um dos objetivos mais grandiosos para os quais qualquer escola possa ser estabelecida.

A Necessidade de um Sanatório

Há muitos sofrendo de doenças e ferimentos que, ao sentirem alívio da dor, estarão preparados para ouvir a verdade. Nosso Salvador era Alguém que curava poderosamente. Em Seu nome, muitos milagres podem ser operados no Sul dos Estados Unidos e em outros campos por intermédio de médicos missionários capacitados.

É essencial que haja um sanatório junto à escola de Madison. A obra educacional da escola e do sanatório podem avançar de mãos dadas. A instrução dada na escola beneficiará os pacientes, e a instrução dada aos pacientes do sanatório será uma bênção para a escola.

O Valor de uma Educação Completa

A qualidade da educação ministrada em Madison é tão elevada que será considerada um tesouro de grande valor para aqueles que se envolverem com a obra missionária em campos estrangeiros. Se muitos mais em outras escolas estivessem recebendo uma formação semelhante, nós, como povo, seríamos um espetáculo para o mundo, aos anjos e aos homens. A mensagem seria levada rapidamente a todos os países, e almas que hoje estão em trevas seriam trazidas para a luz.

Teria sido do agrado de Deus que, enquanto a escola de Madison continua a cumprir sua obra, outras escolas semelhantes tivessem sido fundadas em diferentes partes do Sul. Há muita terra desperdiçada nessa região que poderiam ter recebido melhorias, como tem sido o caso na área em torno da escola de Madison. Em breve chegará o tempo em que o povo de Deus, por causa da perseguição, será disperso em muitos países. Aqueles que têm recebido uma educação integral estarão em grande vantagem onde quer que se encontrarem. O Senhor revela sabedoria divina em assim conduzir Seu povo para que treinem todas as suas faculdades e capacidades para a obra de espalhar a verdade.

Um Chamado à Negação do Eu

Deve-se pensar em todos os meios possíveis para fundar escolas como a de Madison em várias partes do Sul; e aqueles que dedicarem seus recursos e sua influência para auxiliar nessa obra estarão ajudando a causa de Deus. Fui instruída a dizer àqueles que têm meios de sobra: Ajudem o trabalho em Madison. Vocês não têm tempo a perder. Satanás logo se levantará para criar impedimentos. Que a obra siga em frente enquanto é possível.

Fortaleçamos este grupo de educadores para que continuem a boa obra na qual se encontram envolvidos, e trabalhemos a fim de encorajar outros a realizar trabalho semelhante. Então a luz da verdade será levada adiante de maneira simples e eficaz, e uma grande obra será efetuada para o Mestre num breve período de tempo.

Quando o Senhor favorece algum de Seus servos com vantagens materiais, é para que as usem em benefício dos outros. Devemos aprender a ficar contentes com roupa e alimentação simples, a fim de economizar tais recursos e investir na obra do evangelho.

Nossa falta de negação do eu, nossa recusa em ver as necessidades da causa neste tempo, e de responder a elas, clamam por arrependimento e humilhação diante de Deus. É pecado alguém que conheça a verdade divina cruzar os braços e deixar a obra que lhe cabe para outro fazer. O evangelho de Cristo exige consagração completa. Que os membros de nossas igrejas se levantem para cumprir suas responsabilidades e seus privilégios. Que gastem menos em autoindulgência e adornos desnecessários. O dinheiro assim despendido pertence ao Senhor e é necessário para a realização de uma obra sagrada em Sua causa. Eduquem as crianças para que façam trabalho missionário e levem suas ofertas a Deus. Despertemos para o caráter espiritual da obra na qual estamos envolvidos. Não há tempo para a fraqueza fazer parte de nossa experiência.

A Obra em Madison Não Deve Ser Impedida

Os obreiros em Madison idealizaram, planejaram e se sacrificaram para conduzir a escola ali segundo diretrizes corretas, mas a obra tem sido grandemente adiada. O Senhor guiou na escolha da fazenda em Madison, e deseja que ela seja administrada da maneira certa a fim de que outros, aprendendo com os obreiros ali, realizem trabalho semelhante e o conduzam de forma parecida.

Na obra realizada na escola de treinamento em Madison, Tennessee, para a formação de professores missionários tanto neste país quanto em terras estrangeiras, e nas pequenas escolas fundadas pelos professores que saíram de Madison, temos uma ilustração de uma maneira como a mensagem deveria ser levada a muitos, muitos lugares.

Os irmãos Sutherland e Magan deveriam ser incentivados a solicitar meios para o custeio de seu trabalho. É privilégio desses irmãos receber doações de qualquer pessoa a quem o Senhor impressionar para ajudar. Eles devem ter recursos— os recursos de Deus para o avanço do trabalho. O empreendimento em Madison foi prejudicado no passado, mas agora ele deve ir avante. Se essa obra houvesse sido considerada sob a luz correta e recebido a ajuda necessária, já há muito tempo teríamos presenciado um trabalho próspero em Madison. Nosso povo deve ser encorajado a doar de seus recursos para essa obra que está preparando alunos de maneira sensata e digna para ir a campos negligenciados e proclamar o breve retorno de Cristo.

Agora está sendo construído um modesto sanatório e um prédio escolar mais confortável. São obras necessárias para continuar de maneira correta o trabalho de educação. No passado, os irmãos Sutherland e Magan usaram tato e habilidade a fim de angariar recursos para o bem da causa como um todo. Agora chegou o momento de esses obreiros fiéis receberem de seus irmãos, mordomos do Senhor, os meios de que necessitam para continuar com sucesso o trabalho na escola de Madison e em seu pequeno sanatório.

Eu apelo aos irmãos a quem o Senhor confiou o talento dos recursos: Será que vocês não irão ajudar os obreiros em Madison, que foram instrumentais em obter recursos para tantos empreendimentos? Como mensageira do Senhor, rogo-lhes que ajudem a escola de Madison agora. Este é o momento em que ela precisa. O dinheiro que vocês possuem é o capital que foi confiado pelo Senhor. Ele deveria ser entregue com prontidão para responder aos apelos em lugares onde o Senhor precisa dele.

As necessidades da escola de Madison requerem ajuda imediata. Irmãos, labutem enquanto ainda é dia; pois logo vem a noite na qual ninguém poderá trabalhar.

25 de maio de 1908.

Ellen G. White

Apêndice C – O Trabalho da Escola de Madison

Ellen G. White
1908

Na obra realizada na escola de treinamento em Madison, Tennessee, para a formação de professores missionários tanto neste país quanto em terras estrangeiras, e nas pequenas escolas fundadas pelos professores que saíram de Madison, temos uma ilustração de uma maneira como a mensagem deveria ser levada. Eu diria aos obreiros ali: Continuem a aprender de Cristo. Não fiquem desanimados. Sejam livres no Senhor. Sejam livres. Muito trabalho aceitável tem sido feito em Madison. O Senhor lhes diz: Sigam avante. A escola de vocês deve ser um exemplo de como o estudo da Bíblia, uma educação geral, a educação física e a obra hospitalar podem se unir em muitas escolas menores que serão estabelecidas com simplicidade em muitos lugares nos Estados do sul.

Meus irmãos que ocupam cargos de responsabilidade, não fiquem se lamentando sobre a obra que está sendo feita em Madison para preparar obreiros para sair pelos caminhos e atalhos. É da vontade de Deus que este trabalho seja feito. Vamos parar de criticar os servos de Deus, e vamos humilhar nosso próprio coração diante do Senhor. Vamos fortalecer esses irmãos para que continuem a boa obra em que se encontram envolvidos, e trabalhar para animar outros a fazer obra semelhante. Assim, a luz da verdade será levada de modo simples e eficaz, e uma grande obra será realizada para o Mestre num curto período de tempo.

Quando o Senhor favorece algum de Seus servos com vantagens materiais, é para que as usem em benefício da obra. Como colaboradores de Deus, os homens devem ter sempre em mente a necessidade de dar a mensagem do breve retorno de Cristo às pessoas que não foram advertidas. Nessa obra, não dependemos unicamente da inteligência humana, pois os anjos de Deus estão à espera para nos encorajar numa vida de paciência e renúncia própria. Devemos aprender a nos contentar com alimento e vestuário simples, para fazermos muita economia a ser investida na obra do evangelho.

O evangelho de Cristo exige consagração completa. O semeador cristão deve sair a semear. Muitos, porém, devido a lamúrias e contendas, estão se desqualificando para o trabalho. Seus sentidos indolentes não discernem o quanto seus esforços são débeis, e forte a sua incredulidade. Que os membros de nossa igreja se levantem agora e vivam à altura de suas responsabilidades e privilégios. Que gastem menos com a autoindulgência e com adornos desnecessários. O dinheiro gasto dessa forma pertence ao Senhor e é necessário para que se faça uma obra sagrada em Sua causa. Eduquem as crianças a fazer trabalho missionário e a trazer suas ofertas a Deus. Vamos nos despertar para nossa necessidade de renunciar o eu. Vamos nos despertar no sentido de ter um senso do caráter espiritual da obra na qual professamos estar envolvidos.

Eu disse apenas um pouco comparado com o que poderia ser dito sobre esse assunto. Apelo, porém, a nossos ministros, professores e médicos que despertem do sono e percebam as oportunidades de trabalho que estão ao alcance deles, mas que, por anos, eles têm permitido ficarem desperdiçadas.

Nossa falta de altruísmo, nossa recusa em enxergar as necessidades da causa no tempo presente, e reagir a elas, requerem arrependimento e humilhação do coração diante de Deus. É um pecado alguém que conhece a verdade de Deus cruzar os braços e transferir seu dever a outro.

É um pecado quando uma pessoa critica e aponta faltas naqueles que, em seu próprio modo de trabalhar, não procedem exatamente conforme sua maneira de pensar. Que ninguém culpe ou censure os homens que estão trabalhando em Madison. Em vez de se queixarem do trabalho que seus irmãos estão realizando, assumam o trabalho por vocês mesmos negligenciado. Em vez de ficarem caçando defeitos no caráter de seu irmão, sondem o próprio coração, confessem o pecado de vocês e ajam honestamente para com Deus. Que o eu se sinta condenado pelo trabalho que está por fazer ao redor de vocês. Em vez de colocar obstáculos no caminho daqueles que estão tentando realizar algo no Sul, que nossos olhos se abram para ver que o tempo está passando e que há muito para vocês fazerem.

O Senhor opera por meio de uma variedade de instrumentos. Se encontrarmos aqueles que desejam se adentrar em novos campos e assumir novas linhas de trabalho, animem-nos a assim proceder. Os adventistas do sétimo dia estão realizando uma grande e boa obra. Que mão alguma se erga para impedir seu irmão. Os que já tiveram alguma experiência na obra de Deus deveriam ser incentivados a seguir a orientação e o conselho do Senhor.

Não fiquem preocupados com o receio de que alguns recursos sejam dirigidos diretamente àqueles que estão procurando realizar a obra missionária de modo discreto e eficaz. Os recursos, como um todo, não devem ser controlados por uma única agência ou organização. Há muita negociação a ser feita conscienciosamente em favor da causa de Deus. Deve-se procurar ajuda de toda fonte possível. Há pessoas que conseguem realizar o trabalho de angariar recursos para a causa. Quando elas estiverem agindo de forma consciencioso e em harmonia com os conselhos de seus colegas no campo que representam, não se deve permitir que a mão da repressão se interponha em seu caminho. Essas pessoas certamente são colaboradoras dAquele que deu Sua vida para a salvação de almas.

Os irmãos Sutherland e Magan deveriam ser encorajados a solicitar recursos para a manutenção de sua obra. É privilégio desses irmãos receber doações de qualquer pessoa dentre nosso povo a quem o Senhor impressionar para oferecer ajuda. Eles devem ter recursos — os recursos de Deus — com os quais trabalhar. O empreendimento de Madison ficou paralisado no passado, mas agora ele deve ir avante. Se essa obra tivesse sido considerada sob a luz correta, e recebido a ajuda de que precisava, há muito tempo teríamos presenciado uma próspera obra em Madison. Nosso povo deve ser incentivado a doar de seus recursos para essa obra que está preparando alunos de forma sensata e digna para penetrarem campos negligenciados e anunciarem o breve retorno de Cristo.

O Senhor dirigiu os irmãos Sutherland e Magan, homens de sólidos princípios, para estabelecerem uma obra no Sul. Eles idealizaram planos e se sacrificaram a fim de levar avante a obra segundo princípios corretos, mas o trabalho tem sido grandemente adiado. O Senhor guiou Seus servos na escolha da fazenda em Madison, e é Seu desejo que ela seja administrada com métodos adequados de maneira que outros, ao aprenderem com os obreiros ali, possam assumir trabalho semelhante e conduzi-lo de forma parecida. Os irmãos Sutherland e Magan são instrumentos escolhidos por Deus e fiéis, e o Senhor dos Céus diz a respeito deles: Eu tenho uma obra especial para que esses homens façam em Madison — uma obra de educar e treinar rapazes e moças para os campos missionários. O Espírito do Senhor estará com seus obreiros se andarem humildemente diante dEle. Ele não havia limitado ou restringido os esforços desses homens abnegados e dispostos a se sacrificar.

Àqueles em nossas Associações que julgaram ter autoridade de proibir a arrecadação de recursos em determinado território, tenho o seguinte a dizer: Esse assunto tem sido apresentado a mim repetidas vezes. Dou agora meu testemunho, no nome do Senhor, a quem ele se aplica. Onde quer que vocês estiverem, parem com tais proibições. A obra de Deus não dever ser algemada dessa forma. Deus está recebendo um serviço fiel por parte desses homens a quem vocês estão vigiando e criticando. Eles temem e honram o Senhor. Eles são colaboradores dEle. Deus proíbe que vocês ponham qualquer jugo sobre o pescoço de seus servos. É privilégio desses obreiros aceitar doações ou empréstimos e investi-los para que sejam de ajuda na realização de um importante trabalho que muito precisa ser feito. Esse extraordinário fardo de responsabilidade que alguns supõem ter sido colocado por Deus sobre eles, ao tomarem suas posições oficiais, nunca foi colocado sobre seus ombros. Se os homens permanecessem livres sobre a elevada plataforma da verdade, eles nunca aceitariam a responsabilidade de estabelecer normas e regulamentos que impedem e paralisam os obreiros escolhidos de Deus em seu trabalho de treinamento de missionários. Quando eles aprenderem a lição de que “vós todos sois irmãos” [Mateus 23:8], e se derem conta de que seus colegas podem saber, tanto quanto eles, como usar da maneira mais sábia possível os talentos e capacidades que lhes foram confiados, eles removerão os jugos que no momento estão estorvando seus irmãos, e lhes darão crédito por terem amor pelas almas e um desejo de trabalhar com altruísmo para promover os interesses da causa.

Apêndice D – Palavras de Encorajamento para Obreiros de Sustento Próprio

Ellen G. White
1909

[Relatório da fala da Sra. White aos professores e alunos do Instituto Agrícola e Normal de Nashville em Madison, Tennessee, em 26 de abril de 1909.]

Escolas para os Caminhos e Atalhos

Sinto-me muito feliz pela oportunidade de falar a todos vocês que se encontram diante de mim nesta ocasião, num campo onde há um amplo trabalho que ainda necessita ser feito. Em todos esses campos não penetrados, esforços especiais devem ser empreendidos. Ao trabalhar em prol dos não alcançados, devemos tentar "compeli-los a entrar". Por quê? Porque são almas que estão em risco. Há uma mensagem a ser levada a essas almas, e os que se encontram nos caminhos e atalhos devem ouvir a Palavra da vida.

Muitos anos atrás, em outra visita ao Sul, enquanto fazíamos longas jornadas, eu às vezes perguntava quem morava nas casas pelas quais passávamos, e descobri que, em muitas das grandes casas do Sul, vivem homens sob cuja responsabilidade está o cuidado das grandes propriedades. Ao indagar um pouco mais, fiquei sabendo que ninguém havia tentado levar a Palavra da vida a esses homens. Ninguém tinha se aproximado deles, com a Bíblia nas mãos, e dito: "Temos algo precioso para vocês e queremos que ouçam". Mas tem-me sido apresentado diversas vezes que essa é uma linha de trabalho que necessita ser realizada. Devemos sair pelos caminhos e atalhos e levar às pessoas a mensagem da verdade que Cristo nos concedeu. Precisamos compelir muitos a entrar.

Cristo tinha muito em mente quando declarou: "Sai pelos caminhos e atalhos" [Lc 14:23]. Não negligenciem os caminhos. Levem a verdade para aqueles que estão nos caminhos. Também não deixem de lado os que se encontram nos atalhos. Além da obra que deve ser feita nas grandes cidades, há um trabalho a ser realizado pelos que se encontram espalhados por todas as regiões circunvizinhas. E como podemos alcançá-los? Um importante modo de realizar esta obra é por meio da fundação de pequenas escolas em comunidades carentes. Mesmo se houver apenas poucas pessoas em um lugar, deve-se pensar em algum meio de alcançá-las. Quando o espírito missionário se apoderar de homens e mulheres, jovens e idosos, veremos muitos indo pelos caminhos e atalhos, compelindo os honestos de coração a entrar.

Alguns podem indagar: "Como os iremos compelir?" Deixem a verdade de Deus, em sua pureza e poder, ser colocada diante da consciência de agentes vivos, e que sejam ensinados sobre o caráter precioso dessa verdade. Que eles reconheçam que a Palavra da vida, a saber, o próprio Cristo, veio ao nosso mundo por causa do desejo de Deus de salvar a humanidade caída, pois "Deus amou ao mundo de tal maneira que deu o Seu Filho unigênito, para que todo o que nele crê não pereça, mas tenha a vida eterna".

A Escola Madison Capacita Professores para as Escolas nas Montanhas e as Escolas Familiares Missionárias

Cerca de cinco anos atrás, quando estávamos em busca de um lugar para fundar a escola de treinamento próxima a Nahsville, visitamos esta fazenda que depois foi adquirida; e eu me lembro de que, ao vermos o local pela primeira vez, planejamos percorrê-lo de carruagem, alguns numa direção e outros noutra, e pedimos que Deus impressionasse nossa mente e nos mostrasse se este era o local que Ele queria que escolhêssemos como centro de treinamento. Por um tempo, as perspectivas pareciam proibitivas; contudo, a fazenda foi comprada e a obra começou. O Senhor deseja que a influência desta escola seja amplamente estendida por meio da fundação de pequenas escolas missionárias em comunidades carentes nas montanhas, onde professores consagrados possam abrir as Escrituras para almas famintas e deixar a luz da vida brilhar para aqueles que se encontram em trevas.

Essa é justamente a obra que Cristo realizou. Ele viajava de um lugar para o outro e trabalhava pelas almas. E quem era Ele? Alguém igual ao Pai. O Senhor Jesus nos deixou um exemplo. Ao se envolverem na obra educacional nessas comunidades necessitadas, não permitam que ninguém os desanime, dizendo: "Por que você está desperdiçando seu tempo dessa maneira? Por que não fazer uma obra maior e mais importante num campo mais amplo?" É verdade que alguns devem planejar e esperar pelo tempo em que realizarão uma obra maior em resposta a um chamado geral; mas quem irá pelos caminhos? Quem entrará nos atalhos? Há pessoas cujo coração será tocado por Cristo, e elas verão a necessidade de entrar em partes ignoradas da vinha. Essas se alegrarão em abrir a Bíblia para pessoas que estão em trevas e não entendem a verdade. É exatamente essa a obra que precisa ser feita. Que todos nós permaneçamos fiéis em nosso posto de dever no lugar a que fomos chamados. E se houver aqueles que o Senhor está tocando para que se entreguem a partes negligenciadas da vinha, que ninguém os desvie da obra que lhes foi designada. Se aqueles que conhecem a verdade escondem dos outros a grande luz que brilhou em seu coração, precisarão prestar contas por terem negligenciado seu dever.

Sentimos profundo interesse por essas escolas. Há um vasto campo a nossa frente na fundação de escolas missionárias familiares. Que aqueles que sentem o peso das almas sobre si saiam de casa em casa, ensinando às pessoas preceito sobre preceito, um pouco aqui, um pouco ali, conduzindo-as pouco a pouco à plena luz da verdade bíblica. É isso que tínhamos de fazer nos primeiros dias de nossa mensagem. À medida que esforços sinceros forem colocados em prática, o Senhor fará com que Sua bênção repouse sobre os obreiros e sobre aqueles que buscam o entendimento da verdade conforme se encontra na Palavra de Deus.

Há verdades preciosas, gloriosas verdades, na Palavra de Deus, e é nosso privilégio levá-las ao povo. Nessas partes da seara, onde muitos não podem comparecer a reuniões distantes de seus lares, podemos levar-lhes a mensagem pessoalmente e trabalhar com eles em simplicidade.

Lugar para Jovens e Velhos no Campo do Sul dos Estados Unidos

No preparo para a vinda do nosso Senhor, devemos realizar uma vasta obra nas grandes cidades. Temos um testemunho solene a apresentar nesses grandes centros. Mas em nosso planejamento para a ampliação da obra, deve-se abranger muito mais do que apenas as cidades. Em lugares afastados, há muitas e muitas famílias que necessitam ser atendidas para descobrir se elas compreendem a obra que Jesus está fazendo por Seu povo. Aqueles que estão nos caminhos não devem ser negligenciados, nem os que se encontram nos atalhos; e ao viajarmos de um lugar para o outro e passarmos diante das casas, devemos nos perguntar com frequência: "As pessoas que moram nestes lugares já ouviram a mensagem? A verdade da Palavra de Deus chegou a seus ouvidos? Entendem que o fim de todas as coisas está às portas e que o juízo de Deus é iminente? Elas se dão conta de que cada alma foi comprada por um preço infinito?" Ao meditar nessas coisas, meu coração sente profundo anseio por ver a verdade sendo levada em sua simplicidade aos lares dessas pessoas nos caminhos e nos locais afastados dos grandes centros populacionais. Não devemos esperar que os mais talentosos obreiros preparem o caminho e nos mostrem como trabalhar; em vez disso, quer jovens quer velhos, temos o privilégio de compreender a verdade como é em Jesus; e, ao vermos pessoas que não têm o conforto da graça de Deus, é nosso privilégio visitá-las e familiarizá-las com o amor de Deus por elas e com a maravilhosa provisão feita pela salvação de sua alma.

Nesse trabalho pelos caminhos e atalhos, há sérias dificuldades a ser enfrentadas e superadas. O obreiro, ao buscar as almas, não deve temer, nem desanimar, pois Deus é seu ajudador e continuará a sê-lo. Ele abrirá o caminho à frente de Seus servos.

Estamos felizes, muito felizes, pelas evidências de prosperidade que acompanham a obra aqui em Madison. A todos os reunidos neste Instituto, eu digo: "Examinai as Escrituras". Se vocês não compreendem plenamente o momento em que vivem e a proximidade do fim, busquem adquirir uma percepção mais completa dessas coisas examinando as Escrituras. Há uma obra a ser realizada em todos os lugares. Devemos procurar captar o espírito da mensagem.

Deveria Haver Escolas para os Negros, Assim como Escolas nas Montanhas

Há pessoas negras que necessitam ser salvas. Ontem tive o privilégio de falar a um grupo de negros reunidos em sua pequena igreja em

Nashville. Um agradável grupo de negros ouviu com assinalada atenção às palavras apresentadas.

Essas pessoas não escolheram a própria cor. Não são responsáveis pelo fato de não serem brancas; e que tolice os seres humanos, todos eles dependentes para cada fôlego que inspiram, sentirem que não têm obrigação nenhuma em relação aos negros. Temos um dever a realizar em favor deles, e, no temor do Senhor, desejamos desempenhar esse dever abrindo todos os caminhos possíveis para que eles ouçam a terceira mensagem angélica e se preparem para proclamar a verdade a sua própria raça.

Você conhece uma alma que precisa ser salva? Cristo morreu por essa alma, e o seu trabalho é aprender como alcançar o coração dessa pessoa e apontá-la para o Salvador.

Em Atos, lemos a história de Filipe e do eunuco. Um etíope estava voltando para casa depois de visitar Jerusalém e estudando as Escrituras, quando Filipe apareceu diante dele e perguntou: "Compreendes o que vens lendo?" O relato informa que não; então Filipe subiu até a carruagem dele, sentou-se ao lado do eunuco e abriu as Escrituras para que ele compreendesse. O etíope se deleitou com a verdade. Com o coração e a mente iluminados, ele creu na mensagem que ouviu. Enquanto prosseguiam na jornada, passaram por um lugar onde havia água; e "disse o eunuco: Eis aqui água; que impede que seja eu batizado?" Filipe respondeu: "É lícito, se crês de todo o coração". O nobre declarou: "Creio que Jesus Cristo é o Filho de Deus". Ao ouvir essa afirmação, Filipe imediatamente desceu com o eunuco nas águas e ali o batizou. Filipe partiu imediatamente, visto que havia recebido uma mensagem de ir para outro lugar. O eunuco "foi seguindo o seu caminho, cheio de júbilo", crendo nas verdades da Palavra de Deus.

Quando o coração humano é suscetível à influência do Espírito Santo de Deus, o Senhor pode realizar uma obra poderosa por intermédio de Seus servos. Ele é capaz de levá-los a se encontrar com homens e mulheres que necessitam de auxílio e encorajamento. Em todos os lugares, é possível encontrar almas ansiando pela ajuda que lhes podemos dar. E ao organizar nosso trabalho a fim de atender a essa necessidade, não podemos perder de vista as partes negligenciadas da vinha. Há pessoas que podem dizer que é um desperdício de tempo e dinheiro que moças e rapazes fortes saiam para trabalhar nessas montanhas e lugares remotos. Alguns argumentam que não podemos nos dar ao luxo de permitir que jovens de talento se envolvam nessa linha de trabalho.

"Não podemos nos dar ao luxo!" Se houver apenas uma alma a ser salva, ela é mais preciosa do que toda a riqueza do mundo reunida.

Hillcrest, uma Escola de Treinamento para os Obreiros Negros

Agradeçamos a Deus pela existência da escola agrícola para os negros perto de Nashville. Antes de ontem, tive o privilégio de visitar a escola de Hillcrest e ver as pequenas casas que eles estão construindo para a acomodação de alguns alunos. Recentemente, uma irmã enviou dinheiro suficiente para a construção de um pequeno e modesto chalé. Nessa doação, os administradores da escola viram a evidência do favor de Deus. De fato, o Senhor está tocando o coração do Seu povo e levando-o a ajudar na fundação de centros de treinamento para a educação dos jovens negros a fim de que trabalhem junto à própria raça. Hillcrest é uma bela propriedade e dá oportunidade para que muitos recebam a capacitação para o serviço. Sejamos gratos a Deus por isso e não nos desanimemos.

O irmão Staines e seus colaboradores estão envolvidos numa boa obra. Creio que o Senhor os está dirigindo e os abençoará para que realizem com zelo aquilo a que se propuseram. Peço ao Senhor que mova a mente de Seu povo para assumir essa obra e ajudá-la a ir avante. Não devemos permitir que críticas e movimentos sem sabedoria da parte de alguns irmãos desanimem os obreiros e impeçam a obra. Assim como o Senhor dirigiu o irmão Staines a assumir esse trabalho, outros serão conduzidos, em vários lugares, a ajudar. Homens em diferentes partes do campo, atuando como obreiros de Deus, irão em busca de jovens negros promissores e os incentivarão a estudar nessa escola. E eles ajudarão a providenciar um prédio adequado com salas de aula.

No passado, os negros foram terrivelmente negligenciados. Está chegando o tempo em que não conseguiremos lhes transmitir a mensagem com facilidade. Serão colocadas tantas restrições a sua volta que será quase impossível alcançá-los; mas este não é o caso no presente, e podemos ir a muitos lugares onde há pessoas negras e abrir as Escrituras para que entendam, levando-as a aceitar as verdades da Palavra de Deus. Cristo impressionará o coração delas.

Alguns Não Veem a Necessidade de Escolas Rurais

Existem alguns dentre nós que estão na verdade há anos e nunca sentiram a necessidade de trabalhar nos caminhos e atalhos. Todos esses devem buscar converter novamente o coração, procurando iluminação divina para que possam discernir as necessidades de um mundo prestes a morrer. Cristo veio buscar e salvar o que se havia perdido. Ele viajava a pé. Não se assentava em confortáveis veículos. Não havia estradas de ferro nem outros meios de transporte modernos em sua época. Sabe-se que ele caminhava e que multidões se uniam a Ele enquanto andava. Ao longo do caminho, em viagem, ele abria as Escrituras para o entendimento de Seus seguidores. Ele repetia constantemente para eles as palavras da vida. As multidões que se aglomeravam em torno de seus passos se encantavam com os princípios que emanavam de Seus discursos.

Quando vocês saírem para os caminhos e atalhos, não permitam que nenhum ministro do evangelho lhes diga: "Por que estão fazendo isso?" Temos como exemplo o ministério de Cristo nesta Terra. Devemos tirar as coberturas que ocultam nossa luz dos outros e deixar que ela brilhe em meio à escuridão moral.

"Porque de Deus somos cooperadores". Os que esperam usar afinal a coroa da vida devem, nesta vida, ser portadores de luz.

Não Digam: "Não Temos Condições de Trabalhar num Sistema de Sustento Próprio"

Quando visitei Madison pela primeira vez, cerca de cinco anos atrás, e olhei para a propriedade desta escola, disse àqueles que estavam comigo que ela tinha uma aparência semelhante a um dos lugares que me haviam sido apresentados em visão durante a noite — um local onde nosso povo teria a oportunidade de apresentar a luz da verdade para aqueles que nunca haviam ouvido a última mensagem do evangelho. ...

Fico feliz porque nosso povo se estabeleceu aqui em Madison. Estou contente por conhecer estes obreiros aqui que se voluntariam para ir a diferentes lugares. A obra de Deus deve avançar com constância; sua verdade deve triunfar. Para todo cristão, dizemos: que ninguém impeça seu caminho! Não digam: "Não temos condições de trabalhar em um campo pouco habitado, e, em grande parte, mediante um sistema de sustento próprio, quando no mundo afora há grandes campos onde poderíamos alcançar multidões". E que ninguém diga: "Não podemos nos dar ao luxo de sustentar vocês nesse esforço de trabalhar nesses lugares remotos. O quê? Não podemos nos dar ao luxo!? O luxo a que vocês não podem se dar é deixar de trabalhar nesses locais isolados; e se negligenciarem tais campos, chegará o tempo em que desejarão que tivessem se dado a esse luxo. Há um mundo a ser salvo. Que alguns de nossos professores consagrados saiam para os caminhos e atalhos, e obriguem os honestos de coração a entrar — não por força física. Oh, não! Mas pelo peso das evidências apresentadas na Palavra de Deus.

Que nenhuma alma viva — homem, mulher ou criança — descanse em satisfeito egoísmo com o conhecimento da verdade. Há homens e mulheres de coração honesto nas montanhas que precisam receber a mensagem de advertência. Há aqueles que não têm o privilégio de ouvir a verdade apresentada nas grandes assembleias; esses precisam ser alcançados pelo esforço pessoal.

Há Lugar para Todos na Obra

Cada um de nós tem uma obra a realizar para Deus, qualquer que seja nossa ocupação. Os que estão nas fazendas não devem pensar que é desperdício de tempo planejar sair e visitar os vizinhos, apresentando a eles a luz da verdade para este momento; pois, mesmo que pareça difícil deixar o trabalho da fazenda, não perderemos, todavia, financeiramente por gastar tempo ajudando os outros. Há um Deus no Céu que abençoará nossos labores. A todo homem — e a toda mulher — Ele deu uma obra a fazer. Podemos cooperar com Cristo mostrando aos outros o que significa buscar a vida eterna como a um tesouro escondido. Deus nos chamou para fazer esse tipo de trabalho: ir em busca dos pobres, necessitados e sofredores; estar atentos às necessidades daqueles que precisam de refrigério espiritual e estar sempre prontos a abrir as Escrituras às almas famintas.

Não Deixem que Outros os Desanimem de Participar dessa Obra

Alguns podem dizer: "Se eu me envolvesse nesse tipo de trabalho, alguns indivíduos ligados à igreja iriam me reprovar". E se reprovassem? Cristo disse: "a tua justiça irá adiante de ti, e a glória do Senhor será a tua retaguarda". Não há encorajamento maior do que esse. Devemos buscar e salvar aqueles que estão dispostos a ser salvos. Precisamos levar a verdade àqueles que desejam ouvi-la. Nossa própria alma deve estar repleta do amor pela verdade. E, ao realizarmos fielmente nossa parte, Cristo reconhecerá nossos esforços e acrescentará sua bênção assinalada. E, oh, que recompensa aguarda o ganhador de almas! Quando as portas da bela cidade do alto se abrirem com suas brilhantes dobradiças, e as nações que guardaram a verdade entrarem, coroas de glória serão colocadas em suas cabeças, e elas darão honra, glória e majestade a Deus. Nessa ocasião, alguns se aproximarão de vocês e dirão: "Se não fosse pelas palavras que você bondosamente me falou, se não fosse por suas lágrimas, súplicas e esforços ardentes, eu nunca estaria vendo o Rei em sua beleza". Que recompensa será essa! Quão insignificante é o louvor de seres humanos nessa vida terrena e passageira, em comparação com as recompensas infinitas à espera dos fiéis na vida futura e imortal!

A Fazenda como Meio de Sustento

Vocês não veem que a glória do Senhor está atuando aqui em Madison? Vocês não devem falhar, nem desanimar. Tragam a suas casas os pobres que estão excluídos; transmitam a eles palavras de conforto. Sei que estão tentando realizar essa obra e creio que Deus continuará a abençoá-los, e que Ele abençoará esta escola rural.

Agradeçamos a Deus o privilégio de ser Seus portadores de luz. Esta bela fazenda em Madison é um meio de sustento, e não deve nos impedir de fazer a obra que Deus nos confiou. Ao tentarem estender a influência desta escola aos lugares carentes além daqui, vocês estão realizando justamente o trabalho que Deus deseja. Sua bênção estará sobre todos aqueles que procuram exaltar a verdade. Que nenhuma mão humana, seja de pastores, seja de leigos, se coloque sobre vocês com a declaração: "Vocês não podem ir este lugar, e nem devem ir para aquele lugar; não os sustentaremos se não forem conforme nosso chamado; ou se não se entregarem à obra de levar almas à verdade em determinado lugar designado por nós". Deus os abençoará enquanto continuarem a buscar almas perdidas nos lugares isolados.

A Recompensa daqueles que Trabalham nos Lugares Difíceis

Àqueles que estão ligados a nossos vários empreendimentos educacionais aqui no Sul, eu digo: não permitam que nenhuma mão humana se coloque sobre vocês e diga: "Não podem fazer este trabalho; não devem gastar seu tempo dessa maneira". Tempo! É o tempo de Deus, e temos o direito de trabalhar em prol dos necessitados e aflitos, sobretudo em favor dos negros. Se continuarmos a labutar com fé e humildade, Deus revelará que Sua justiça vai à nossa frente, e a glória do Senhor será nossa retaguarda. À medida que prosseguirmos em conhecer ao Senhor, aprenderemos que, como a alva, a Sua vinda é certa. Vocês já têm compreendido isso, desde que chegaram aqui, não é verdade?

No início, vocês não tinham a luz brilhante do dia em todos os seus tons encorajadores; mas Deus está operando e continuará a operar. Perseverem no rumo humilde que vocês vêm trilhando, a fim de preparar o caminho para o Senhor atuar.

Deus deseja que todo ser humano assuma sua missão no lugar que lhe foi designado, sem sentir que o trabalho é demasiadamente árduo. Ele está pronto para lhes conceder forças! Ele me deu forças em todo o caminho enquanto viajávamos para o leste. Deu-me forças para falar às pessoas enquanto visitávamos lugar após lugar. Em College View, Nebraska, preguei no sábado para duas mil pessoas. A glória do Senhor repousou sobre nós.

Agora, meus caros amigos, quem serão os cooperadores de Deus? Quem aceitará carregar o fardo do serviço? Quem enxergará aqueles que estão distantes, passando por dificuldades, sem nenhum conhecimento da verdade? Quem os trará para dentro? Quem usará seus esforços para transformá-los em filhos e filhas de Deus? Quando vocês entrarem na cidade pelas portas e a coroa da vida for colocada sobre a fronte de vocês, e sobre a fronte das próprias pessoas por quem vocês trabalharam para salvar, elas se lançarão ao redor de seu pescoço e dirão: "Foi você que salvou a minha alma! Eu teria perecido se você não tivesse me salvado de mim mesmo. Você precisou gastar um bom tempo, mas foi paciente comigo e me ganhou para um conhecimento da verdade".

E então, ao elas lançarem suas coroas aos pés de Jesus e tocarem as harpas de ouro que forem colocadas em suas mãos, unidas em louvor e glorificação ao Redentor, e perceberem que receberam a suprema bênção da vida eterna, haverá regozijo real. E, oh, que pensamento sublime reconhecer que fomos instrumentos, com o auxílio de Deus, para ajudar a mostrar o caminho da salvação para homens e mulheres enquanto vivemos nesta Terra!

Um Apelo para as Famílias Trabalharem no Sul

Em conclusão, eu diria a todos: se vocês entregarem o coração a Deus, se, em humildade, assumirem a obra que lhes foi designada e permanecerem fiéis, um dia ouvirão as palavras: "Vinde, benditos de Meu Pai! Entrai na posse do reino que vos está preparado desde a fundação do mundo". Será que essa recompensa não basta? Naquele mundo feliz não haverá mais tentação nem tristeza. Nesta vida terrena vocês têm sido cooperadores de Deus; e estão vivendo de tal modo que a justiça de vocês tem ido à frente e a glória do Senhor tem sido a sua retaguarda.

Oh, que trabalhemos hoje, enquanto ainda temos oportunidade! Lutemos para conduzir almas à luz da verdade ao lhes abrir as Escrituras, orar com elas e apelar para que aceitem a Jesus como Salvador. E ao participarem dessa obra, Jesus é seu Ajudador, o mesmo Cristo que trilhou o caminho antes de nós e que deu a própria vida em nosso favor. Se fizermos sacrifícios à direita e à esquerda, se buscarmos ser cooperadores de Deus, sem o qual nada podemos fazer direito, teremos afinal a vida eterna que se mede pela vida eterna de Deus, sem a possibilidade de fracassar, sem Satanás para tentar e desviar, sem morte. Como eu anseio ver as famílias engajadas na obra de ganhar almas, tentando fazer sua luz brilhar em meio às trevas morais do mundo. Que Deus nos ajude, é minha oração.

Instruções Recentes Acerca das Escolas no Sul

Matérias a Ser Ensinadas Nessas Escolas

Há um constante perigo entre nosso povo de que os que se envolvem com a obra em nossas escolas e sanatórios nutram a ideia de que devem se alinhar com o mundo, estudar as coisas que o mundo estuda e se familiarizar com aquilo que o mundo se familiariza. Esse é um dos maiores erros que se pode cometer. Cometeremos graves erros a menos que dediquemos atenção especial ao estudo da Palavra. ...

Fortes tentações sobrevirão a muitos que colocam os filhos em nossas escolas porque desejam que os jovens aprendam aquilo que o mundo considera a mais essencial educação. Quem sabe qual é a educação essencial, a menos que seja aquela obtida por meio do Livro que consiste no fundamento de todo conhecimento verdadeiro? Os que consideram essencial o conhecimento a ser alcançado nos moldes da educação mundana cometem um grave erro, que os levará a ser enredados por opiniões individuais humanas e errôneas. Àqueles que acham que seus filhos devem receber o que o mundo chama de educação essencial, eu diria: Levem seus filhos à simplicidade da Palavra de Deus, e eles estarão seguros. Seremos totalmente dispersos em pouco tempo e o que precisamos fazer deve ser feito rapidamente.

Recebi luz de que será feita pressão tremenda sobre todos os adventistas do sétimo dia com quem o mundo conseguir estabelecer uma íntima conexão. Precisamos compreender essas coisas. Os que buscam a educação que o mundo tanto estima estão se afastando aos poucos para cada vez mais longe dos princípios da verdade, até se tornarem mundanos cultos. A que preço obtiveram sua educação! Eles se separaram do Espírito Santo de Deus. Escolheram aceitar aquilo que o mundo chama de conhecimento em lugar das verdades que Deus confiou aos seres humanos por meio de seus ministros, profetas e apóstolos. E há alguns que, depois de obter essa educação mundana, acham que podem introduzi-la em nossas escolas. Mas permita-me lhes dizer que vocês não devem pegar aquilo que o mundo chama de educação superior e trazer para nossas escolas, sanatórios e igrejas. Falo com firmeza. Isso não deve ser feito. ...

Se olharmos para o Senhor, Ele nos ajudará a entender o que constitui a verdadeira educação superior. Ela não é conquistada ao se submeter a um longo curso de estudos contínuos. Em cursos assim, a pessoa aprende algumas coisas valiosas e muitas que não são. O Senhor deseja que sejamos Seus cooperadores. Ele é nosso ajudador. Deus deseja que nos aproximemos dEle e aprendamos dEle com toda humildade de mente. ... Não considerem como algo absolutamente essencial a educação teórica (*Instruções aos alunos e professores do Union College, maio de 1909*).

O ensino em nossas escolas não deve agora ser conduzido como o tem sido no passado, onde muitas coisas eram apresentadas como sendo essenciais, quando na verdade eram apenas de menor importância. A luz que me tem sido dada é de que os Mandamentos de Deus, a vontade do Senhor a respeito de cada indivíduo, deve constituir o principal estudo de cada estudante que deseje ser preparado para os graus superiores da escola lá do alto (*Carta privada*, janeiro de 1909).

Trabalho em Prol da Verdadeira Educação Superior

Agora é nosso momento de trabalhar. O fim de todas as coisas está às portas. ... Por meio da palavra escrita e falada, trabalhem para afastar as falsas ideias que tomaram conta da mente das pessoas em relação à educação superior (Carta pessoal, junho de 1909).

Não digo que não se deve empreender nenhum estudo sobre as línguas. Os idiomas devem ser aprendidos. Dentro de pouco tempo, haverá grande necessidade de muitos saírem do lar e irem trabalhar em meio a populações de outras línguas; e aqueles que têm algum conhecimento de idiomas estrangeiros serão capazes de se comunicar com quem não conhece a verdade. Alguns de nosso povo aprenderão a língua nos países para os quais forem enviados. Esse é o melhor caminho. E temos Aquele que permanecerá bem ao lado do obreiro fiel a fim de abrir o entendimento e dar sabedoria. Mesmo que vocês não saibam uma palavra em línguas estrangeiras, o Senhor pode tornar frutífero o trabalho de vocês (*Instruções aos alunos e professores do Union College, maio de 1909*).

Devem Ser Fundadas Escolas Missionárias, Pois Elas Apressarão o Fim

Todos os meios possíveis devem ser concebidos para fundar escolas semelhantes à de Madison em várias partes do Sul dos Estados Unidos. Aqueles que dedicam seus meios e sua influência pessoal para auxiliar nessa obra estão ajudando na causa de Deus. Fui instruída a dizer àqueles que têm recursos de sobra: auxiliem a obra em Madison. Vocês não têm tempo a perder. Satanás logo se levantará para criar obstáculos; que a obra siga em frente enquanto pode. Fortaleçamos esse grupo de educadores para que continuem a boa obra na qual se engajaram, e trabalhem para envolver outros em obra semelhante. Então a luz da verdade será levada adiante de maneira simples e eficaz, e uma grande obra será realizada pelo Mestre dentro de pouco tempo (*Apelo em Prol da Escola de Madison*).

Entrem nos Caminhos e Atalhos

A luz é dada para que não tenhamos ansiedade especial em acumular demasiados interesses em uma só localidade; em vez disso, devemos procurar lugares em distritos remotos. ... As sementes da verdade devem ser lançadas em centros não cultivados. ...

Enquanto grandes despesas são feitas para levar luz às pessoas de línguas estrangeiras, devemos estar igualmente atentos em alcançar, se possível, os estrangeiros e não convertidos de nossa própria terra. ... Há trabalho missionário a ser feito em muitos lugares não promissores. O espírito missionário deve tomar conta de nossa alma e nos inspirar a alcançar as classes por quem não havíamos planejado trabalhar, nos lugares e dos modos que não fazíamos ideia de que deveríamos trabalhar (Carta pessoal, outubro de 1908).

Onde Estão os Trabalhadores desses Locais Carentes

Os membros da igreja devem ser chamados ao trabalho. ... Fui instruída a dizer que os anjos de Deus direcionarão a abertura de novos campos tanto perto quanto longe. ... Deus conclama os fiéis a adquirir experiência no trabalho missionário entrando em novos territórios e trabalhando de maneira inteligente em prol das pessoas nos atalhos. ... O Senhor certamente está abrindo caminho para nós, como povo, para dividirmos e subdividirmos os grupos que crescem demais para trabalhar juntos e obter a melhor vantagem (Carta pessoal, outubro de 1908).

Como Iniciar a Obra no Sul dos Estados Unidos

Propriedades de distritos rurais serão colocadas à venda por um preço inferior a seu custo real porque os proprietários desejam desfrutar das vantagens da cidade, e são essas localidades rurais que desejamos adquirir para nossas escolas (Carta pessoal).

Acerca da Obra no Sul

[Trechos de palestras de E. G. White durante a assembleia da Associação Geral em Washington, D. C., em maio de 1909.]

As Escolas nas Montanhas como Agências Evangelizadoras

Em minha viagem a Washington, tive a experiência de passar não só pelos caminhos, mas também pelos atalhos. Vi parte da obra que está sendo realizada nas escolas missionárias próximas a Nashville. Pequenos grupos de obreiros saem para as montanhas e trabalham em prol daqueles que não ouviram a mensagem. Aqui e ali, pequenos grupos de crentes se formam. Quem ousaria deter tais obreiros e dizer: "Vocês não devem trabalhar assim; custa caro demais". Será que o preço se compara com o sacrifício que Cristo fez a fim de salvar as almas prestes a morrer? Irmãos e irmãs, rogo-lhes em nome de Jesus de Nazaré que tirem a luz de debaixo do alqueire e permitam que ela brilhe para que os outros se beneficiem. (*Boletim da Conferência Geral*, 17 de maio de 1909).

Deem Liberdade para as Escolas Cumprirem os Planos de Deus

Temos nossas escolas. Elas devem ser administradas de tal maneira que formem missionários dispostos a ir pelos caminhos e atalhos para lançar as sementes da verdade. Essa foi a comissão deixada por Cristo a Seus seguidores. ...

Não permitam que nenhum ser humano chegue agindo como governante arbitrário e diga: "Vocês não devem ir para este lugar, não devem ir para aquele lugar; vocês devem fazer isto e aquilo". Temos uma obra grande e importante a cumprir, e Deus deseja que a abordemos com inteligência. Quando homens são colocados em posições de responsabilidade nas diversas Associações, eles não se tornam deuses. Ninguém tem sabedoria suficiente para agir sem conselho. Os homens precisam consultar seus irmãos, conversar juntos, orar juntos e planejar juntos para o avanço da obra. Que os obreiros se ajoelhem e orem a Deus, pedindo que Ele direcione seu caminho. Temos grave carência nesse ponto. Confiamos demais nos planos humanos. Não podemos dar-nos ao luxo de assim proceder. Estamos diante de tempos perigosos, e devemos chegar ao ponto de saber que o Senhor vive e governa, que Ele habita no coração dos filhos dos homens. Devemos confiar em Deus. ...

Há escolas que precisam ser fundadas em terras estrangeiras e em nosso próprio país. Devemos aprender de Deus como administrá-las. Elas não devem ser conduzidas como muitas têm sido. Nossas instituições devem ser vistas como instrumentos de Deus para o avanço de sua obra na Terra. Devemos buscar no Senhor orientação e sabedoria; devemos suplicar que Ele nos ensine a conduzir a obra de maneira sólida. Reconheçamos a Deus como nosso professor e guia, e então seremos capazes de conduzir o trabalho na direção correta. ...

Em todas as nossas escolas, necessitamos da compreensão correta do que significa a educação essencial. As pessoas falam muito sobre educação superior, mas quem pode definir o que isso significa? A mais elevada educação se encontra na Palavra do Deus vivo. A educação que nos ensina a sujeitar a alma ao Senhor em toda humildade e nos capacita a ler a Palavra de Deus e simplesmente acreditar no que ela diz, esta é a educação de que mais precisamos. ...

Se as pessoas não agirem em harmonia na vasta e grandiosa obra para este tempo, haverá confusão. Não é bom sinal quando homens e mulheres recusam unir-se a seus irmãos e preferem agir sozinhos. ... Em contrapartida, os líderes do povo de Deus devem se precaver do perigo de condenar os métodos de obreiros individuais que são conduzidos pelo Senhor a realizar uma obra especial que poucos estão aptos a fazer. Que os irmãos em posições de responsabilidade sejam tardios em criticar os movimentos que não se encontram em perfeita harmonia com seus métodos de trabalho. Que nunca suponham que todos os planos devem refletir a sua própria personalidade. Que não temam confiar nos métodos de outros; pois, ao se recusarem a confiar em um companheiro de obra que, com humildade e zelo consagrado, realiza uma obra especial da maneira conduzida por Deus, estão retardando o avanço da causa do Senhor. ... Deus pode usar e usará aqueles que não possuem uma educação completa nas escolas humanas. A dúvida no poder divino de fazê-lo é uma descrença evidente.

Há centenas dentre nosso povo que deveriam estar no campo, mas pouco ou nada fazem para o avanço da mensagem (*Boletim da Conferência Geral*, 31 de maio de 1909).

A Educação que Deve Ser Oferecida em Nossas Escolas

Muitos acreditam que, a fim de estarem capacitados para um serviço aceitável, devem concluir um longo curso ministrado por professores gabaritados em alguma escola do mundo. De fato, devem fazer isso caso desejem obter aquilo que o mundo chama de conhecimento essencial. Mas não dizemos para nossos jovens: "Vocês devem estudar e estudar, concentrando a mente o tempo inteiro nos livros". Nem aconselhamos: "Passem o tempo inteiro adquirindo a suposta educação superior". Precisamos nos fazer a seguinte pergunta: qual é o alvo da verdadeira educação superior? Não é que tenhamos um relacionamento correto com Deus? O teste de toda educação deveria ser: está ela nos capacitando a manter a mente fixa no prêmio da soberana vocação de Deus em Cristo Jesus? (*Boletim da Conferência Geral*, 30 de maio de 1909, p. 214).

O Treinamento Manual É Parte Necessária de Todos os Currículos

Nossos jovens devem ser ensinados desde a infância a exercitar o corpo e a mente de maneira proporcional. Não é sábio enviar as crianças para escolas onde serão submetidas a longas horas de confinamento, e onde não obterão nenhum conhecimento sobre o que significa uma vida saudável. Coloquem-nas sob a tutoria daqueles que respeitam o corpo e o tratam com consideração. Não deixem seus filhos em posição desfavorável, na qual não poderão receber a capacitação que lhes permitirá suportar provas e aflições. ...

Os estudantes não deveriam falar de suas conquistas na suposta educação superior se não aprenderam a comer e beber para a glória de Deus, a exercitar o cérebro, ossos e músculos a fim de prepará-los para o mais elevado serviço possível. Todo o ser deve ser exercitado a fim de garantir uma condição mental saudável; as faculdades mentais e físicas devem ser usadas de maneira proporcional. ...

Àqueles que desejam ser obreiros eficientes na causa de Deus, eu diria: Se vocês estão colocando peso demasiado de trabalho sobre o cérebro, pensando que ficarão em desvantagem, a menos que estudem o tempo inteiro, seria melhor se mudassem seu modo de pensar e o rumo de suas ações. A menos que seja exercido maior cuidado a esse respeito, muitos descerão à sepultura antes da hora. Vocês não podem permitir que isso aconteça, pois há um mundo que necessita ser salvo. ... Em toda e qualquer parte, a verdade deve transparecer em seu poder glorioso e em sua simplicidade. Não se gloriem naquilo que sabem, mas levem sua situação a Deus. Digam a Ele: eu aceito as condições. (*Boletim da Conferência Geral*, 30 de maio de 1909, p. 214).

Frases Incisivas de Testemunhos Mais Antigos

"No futuro, homens das ocupações mais simples da vida serão impressionados pelo Espírito do Senhor a deixar seu emprego comum e a sair para proclamar a última mensagem de misericórdia. Eles devem ser preparados para o trabalho o mais rapidamente possível, a fim de que o sucesso coroe seus esforços".

"Muito poderia ser feito no Sul pelos membros leigos da igreja, por pessoas de educação limitada. Há homens, mulheres e crianças que precisam aprender a ler".

"O número de missionários no Sul não deveria se multiplicar? Não ouviremos a voz de muitos voluntários prontos para entrar nesse campo?"

"A igreja inteira precisa estar imbuída do espírito missionário; então haverá muitos dispostos a trabalhar abnegadamente de todas as maneiras que puderem, sem ser assalariados".

"Necessitamos de escolas que se autossustentem, e isso pode acontecer se os professores forem úteis, trabalhadores e econômicos".

"Devem ser fundadas escolas afastadas das cidades, onde os jovens aprendam a cultivar o solo, dessa forma ajudando a si próprios e a escola a se automanter. ... Que recursos sejam angariados para o estabelecimento de tais instituições".

"Há uma obra que deve ser realizada no Sul, e ela necessita de homens e mulheres que sejam mais professores do que pregadores — pessoas humildes que não tenham medo de trabalhar como fazendeiros para ensinar os sulistas a como lavrar o solo, pois tanto brancos quanto negros necessitam ser instruídos nessa área".

"Há lições da mais alta importância a ser aprendidas da Palavra de Deus. Esse grande Livro nos está aberto para que nossos jovens sejam educados à semelhança dos filhos dos profetas. Como povo, deveríamos levar avante a obra de educação de nossos jovens de tal maneira que eles se protejam de uma vida de condescendência com o eu".

"Foi-me mostrado que, em nossa obra educacional, não devemos seguir os métodos que foram adotados em nossas escolas mais antigas. Há entre nós muito apego a antigos costumes e, por causa disso, estamos muito aquém de onde deveríamos estar na proclamação da mensagem do terceiro anjo".

"Anos se passaram para a eternidade, com pequenos resultados, que poderiam ter testemunhado a realização de uma grande obra".

"O serviço útil aprendido nas escolas rurais é a educação mais essencial para aqueles enviados como missionários aos muitos campos estrangeiros".

"Tem havido assinalado fracasso em cumprir os mandatos de Deus no campo do Sul. Precisamos pedir ao Senhor que nos dê entendimento a fim de vermos nossas carências, percebermos a situação no Sul e a necessidade de fazer a obra missionária que se encontra bem em nossas mãos".

"Por vinte anos, tem sido apresentado ao nosso povo que ele deve realizar uma obra especial nos Estados do Sul. Quando o Senhor manda insistentemente mensagens a Seu povo, é porque deseja que siga a luz que Ele está concedendo".

"Não devemos continuar trabalhando nos mesmos lugares vez após vez, deixando tantos outros onde a última mensagem de advertência ainda não foi proclamada. ... Mênfis, Nova Orleans e outras cidades do Sul clamam por obreiros cheios do poder do Espírito".

"Como povo, ainda precisamos aprender o que é cumprir nosso papel como missionários em meio a um povo que não conhece a verdade para este tempo".

"Recebi palavras de encorajamento para nossos obreiros em Madison, que tentam oferecer aos alunos uma educação prática, consolidando-os nos princípios de nossa fé. Os estudantes estão aprendendo a lavrar o solo e a construir casas simples e modestas. E eles são incentivados a sair e fundar outras escolas industriais nas quais poderão, por sua vez, ensinar seus alunos a plantar e a construir".

Apêndice E – Carta de A. W. Spalding

[Cópia da Carta de A. W. Spalding a L. K. Dickson, Associação Geral da Igreja Adventista do Sétimo Dia, maio de 1953.]

Caro irmão Dickson,

Espero que em algum momento você encontre o tempo e a disposição para ler esta carta. É com a mais profunda simpatia e o desejo de cooperar que eu recebo a chegada de vocês, irmãos — você, o professor Cossentine e o pastor Bradley — ao Southern Missionary College, com o expresso propósito de conversar com o corpo docente acerca dos amplos problemas da educação cristã. As poucas palavras que trocamos após sua fala inicial, bem como suas declarações públicas, revelam a consciência de uma ferida profunda em nosso corpo educacional, o coração de toda a nossa causa, e da necessidade de uma cura radical a fim de encontrar uma solução.

O corpo docente foi convidado a conversar abertamente com você sobre os motivos da doença, cujas consequências se manifestam na letargia espiritual, nas atitudes falsas e ofensivas, e na falta de poder para terminar a obra de Deus. Pensei em participar do debate público; mas se eu fosse dizer o que se passa em meu coração, ao analisar as causas e sugerir o remédio, tomaria tempo demais e, além disso, penso que não seria polido, nem sábio. Minha fala seria contrária às linhas de pensamento típicas entre nossos educadores e, se fosse recebida como digna de algum valor e peso, teria a tendência, nessas circunstâncias, de confundir os alunos e talvez os professores, provocando controvérsia. A área da reforma, da maneira como a percebo, atinge com tanta profundidade nossa filosofia e prática que aponta para uma revolução completa em nossas políticas denominacionais de educação, revolução esta que se tornou necessária por termos nos afastado tanto para a esquerda a ponto de estarmos de costas para o padrão.

Não tenho a pretensão de ser instrutor de nossos líderes, cuja habilidade e sinceridade (de modo geral) não me causam dúvida. Não passo de um pequeno servo em nossas fileiras, sem o prestígio e a educação que me qualificariam como conselheiro de peso. Todavia, minha mente se encontra tão preocupada com o estado de nossa obra educacional que, quando digo para mim mesmo me calar e ignorar qualquer sensação de responsabilidade, não consigo descansar, nem dormir. E começo a escrever esta carta à meia-noite por causa desse fato.

Tenho o privilégio de estar ligado há muito tempo e ter vasta experiência com nossa obra educacional, tanto dentro quanto fora de nossos colégios; e, ao longo de mais de meio século, tenho estudado os princípios, a estrutura e os processos educacionais que Deus nos concedeu por intermédio de Ellen G. White. Percebo em seus escritos mais que meras máximas aforísticas em belas dissertações sobre religião e aprendizado; em vez disso, encontro um sistema profundamente concebido e bem integrado de educação, que envolve filosofia, escopo, forma, conteúdo, método e, acima de tudo, espírito. Tais escritos constituem um projeto que, conforme demonstra nossa história, tem sido pouco lido, menos entendido e nada compreendido. Nosso afastamento dele é consequência dessa falta de percepção e vontade de seguir. O melhor compêndio dessa riqueza de sabedoria educacional se encontra no livro *Educação*. E está complementado por várias outras obras, como *Conselhos aos Pais, Professores e Estudantes*, *Fundamentos da Educação Cristã*, *A Ciência do Bom Viver* e várias outras obras escritas em fases específicas, incluindo, em especial, a seção sobre educação em *Testemunhos para a Igreja*, volume 6.

Fui, portanto, tocado a registrar brevemente minhas convicções acerca dos motivos enraizados para a pobreza e confusão espiritual entre nossos obreiros e nosso povo, que emanam principalmente de nossas escolas. Por ser avançado em anos, é possível que eu não viva para ver nem mesmo o início da reforma; pois se ela acontecer — e deve acontecer antes que este povo esteja pronto para o encontro com o Senhor Jesus —, envolverá uma reviravolta tão radical e completa que, exceto por um milagre insondável de Deus, não será realizada em um dia. Mas desejo deixar pelo menos a meus filhos e a quem quiser ouvir um testamento de minha fé e visão.

Uma reforma só será adequada e eficaz se chegar à raiz da doença. Pequenas doses de remédios e emplastros superficiais, que tratam os sintomas e os arranhões, são tão inadequados e inúteis quanto cegos. Eles só "curam superficialmente a ferida do meu povo" [Jr 8:11]. O fruto da árvore do conhecimento do bem e do mal não é destruído pela rejeição de apenas um ou poucos exemplares bichados. A árvore deve ser rejeitada; devemos nos voltar para a árvore da vida. Para ser breve, nas ideias que apresento a seguir, cito como fonte de autoridade apenas uma declaração do Espírito de Profecia; na maioria dos casos, existem vários outros testemunhos adicionais.

Vinte e cinco anos atrás, em 1928, chegamos a nossa Cades-Barneia educacional. A terra prometida estava a nossa frente, mas a maior parte dos espias voltou com um relatório desanimador. Desencorajados com o relato de gigantes e cidades fortificadas, nos afastamos dos mandamentos do Senhor e rejeitamos Suas instruções de não ir em busca de nossa educação nas universidades, nas escolas do mundo (*Fundamentos da Educação Cristã*, p. 347, 359, 451, 467-474). A verdadeira educação superior se encontra no estudo do conhecimento revelado de Deus e de Sua sabedoria (ibid.; *Educação*, p. 14). Havia uns poucos Calebes e Josués ali, mas suas vozes foram sufocadas pelos clamores da multidão. Votamos a favor de afiliação e reconhecimento dos cursos, aceitando toda a afinidade que isso envolveria com a educação do mundo.

O resultado de uma geração de treinamento em cursos de pós-graduação nas faculdades do mundo é que nossas instituições educacionais e nosso currículo foram moldados segundo o padrão colocado diante de nós ali. Se essa tendência não nasceu ali, foi, no mínimo, fortalecida. Se, em vez disso, tivéssemos nos voltado para um estudo intensivo e adequação fiel aos conselhos do Espírito de Profecia, com a mente iluminada pelo Espírito Santo, estaríamos agora tão à frente do mundo em nossos ideais e nas nossas demonstrações que seríamos a cabeça, não a cauda, andando em cadeias no rastro de nossos captores. Se tal descrição parece injustificada, se eles não conseguirem ver que isto é fato, permita-me perguntar: o que devemos esperar quando voltamos as costas às orientações divinas? São elas irrelevantes? Podem elas ser racionalizadas? Não sofremos nenhuma retribuição por nossa desconsideração e desobediência? Assim raciocinava Israel ao longo de sua tortuosa história de deslealdade e idolatria, até que, conforme disse o cronista, "não houve remédio algum".

Fui desafiado por alguns líderes a dizer como podemos enfrentar as dificuldades, as obstruções legais a nosso funcionamento como indivíduos ou instituições, sem nos conformarmos com as regulamentações dos órgãos reconhecedores de cursos e as leis estaduais e, portanto, com a educação oferecida pelas universidades. Eu não sei; ninguém sabe. Mas quando Israel chegou diante do Mar Vermelho e do Jordão na época da cheia, nenhuma estratégia humana, nenhum conselho dos sábios deste mundo seriam capazes de salvá-los dos egípcios ou de permitir que entrassem na terra prometida. E eu sei com base em meus estudos dos testemunhos sobre educação que o projeto da educação cristã que nos foi dado propõe o sistema de educação mais verdadeiro, útil para o serviço, sábio e grandioso já apresentado, tão acima dos sistemas do mundo que os supera em luz assim como o sol brilha mais que a vela. Se isso parecer extravagante, o é apenas para aqueles que se acham encantados com luz da vela e nunca viram a luz do sol.

Para muitos, parece ridículo acusar nossas escolas de falha em questões curriculares ou metodológicas. Eles apontam para as melhoras e os supostos avanços nas bibliotecas, nos laboratórios, nas técnicas, nas afiliações e nos métodos mais científicos de ensino, que são ou parecem ser fruto da cooperação com o mundo. Será que aconselharíamos o retorno aos inocentes dias de Mary Hopkins, assentada na ponta de uma tora e um aluno na outra? Reduziríamos nosso corpo docente de mestres e doutores à condição de professores sem escolaridade como Uriah Smith, Stephen Haskell e Goodloe Bell? Dar ouvidos aos testemunhos não significa reduzir nossos educadores ao estado de ignorantes e imbecis. E os homens que foram ridicularizados por não terem diploma eram, todavia, indivíduos sábios, hábeis e capacitados. G. H. Bell, embora não tivesse títulos acadêmicos, foi o único homem naqueles primeiros dias que entendeu a visão dada pelo Senhor a Sua serva, não escolarizada, Ellen G. White, e buscou com toda sua inteligência e todo seu poder colocar os princípios em funcionamento. Foi rejeitado como líder em favor de um homem com formação universitária, mas que, mais tarde na vida, me confessou que havia sido naquela época, em suas próprias palavras, "um tolo culto". E o auge dessa política nos brindou com a pessoa de Alexander McLearn, que fez o colégio de Battle Creek parar de funcionar por um ano inteiro. Aprendemos pouco e devagar.

Quem é capaz de ler, com a mente iluminada pelo Espírito Santo, a grande obra-prima da irmã White, que é o livro *Educação*, e não reconhecer a sabedoria profunda, a ciência abrangente de educação que Deus nos ofereceu? Nunca estudamos de verdade, nem praticamos, tampouco tentamos alcançar o que o livro ensina. Para os que poderiam ter recebido a instrução e luz provindos do estudo dos testemunhos, não teria havido necessidade alguma de correr atrás das associações de reconhecimento oficial dos cursos ou das leis estaduais a fim de inspirar a melhora de nossas instalações e de nossos métodos. Estávamos dormindo, mas não precisávamos do vinho de Babilônia para nos inflamar; necessitamos do fruto da árvore da vida.

Quanto mais afinidade tivermos com as escolas do mundo, mais nos afastaremos da presença de Deus. Ler o primeiro artigo dos *Testemunhos para a Igreja*, volume 6, na seção "Educação", intitulado "A necessidade de reforma na educação", é sentir uma faca apunhalar nossas políticas educacionais. Estamos recebendo a marca da besta e sua imagem ou o selo de Deus? (p. 130).

Mesmo assim, nossas escolas são infinitamente melhores do que as escolas do mundo. São "cidades de refúgio" para nossos jovens. Os princípios de nossa fé exercem grande efeito sobre a vida e nossas praxes. Por mais esquecidos e negligenciados que tenham sido em grande medida, seu impacto sobre nossa vida ainda é considerável. Em nossas escolas, são observados e inculcados princípios corretos de conduta social, alimentação e saúde, abstinência de narcóticos, estudo aplicado, reverência e devoção que exercem maior ou menor impacto sobre os alunos.

E o elevado caráter moral de nossos professores em geral, sua devoção e consagração, embora em graus variados, sua percepção dos valores espirituais, exercem marcante efeito sobre os estudantes. Poderia ser melhor, mas graças a Deus pelo que já é. Muitos professores que concluíram a pós-graduação nas escolas seculares são pessoas de profunda espiritualidade e consagração de toda a alma. Podem ser comparados a Moisés precisando apenas da experiência no deserto.

Todavia, não há perfeição. A pequena superioridade moral que alcançamos em relação ao mundo não é a elevada marca que Deus nos apresentou. Até nos dias de Acabe, o impacto da adoração difusa a Jeová tinha um efeito sobre os governantes, a ponto de sua reputação no mundo ser elevada: "os reis da casa de Israel são reis clementes" [1Rs 20:31]. Mas isso não transformava Acabe em um homem de Deus, nem neutralizava a influência de Jezabel. Elias e Eliseu ainda têm uma obra a realizar por nós.

"Precisamos agora recomeçar novamente. Precisamos empreender reformas com alma, coração e vontade. ... Se não houver, em certos aspectos, uma espécie de educação inteiramente diversa da que tem sido seguida em algumas de nossas escolas, não precisávamos ter incorrido no ônus de compra de terras e construção de edifícios escolares" (*Testemunhos para a Igreja*, volume 6, p. 142). Eu era aluno no Colégio de Battle Creek na época em que isso foi escrito; agora sou professor. Minha carreira acadêmica já se estende por muitos anos; e dou testemunho de que a necessidade de reformas é maior agora do que era naquela época, pois nós retrocedemos. Dizemos que somos diferentes das escolas do mundo porque ensinamos a Bíblia. Mas outras escolas denominacionais também ensinam a Bíblia. A pergunta é: quão verdadeiro é o ensino? As mentes que se afastam da luz de Deus em qualquer etapa ou aspecto ficam obscurecidas em compreender o espírito da verdade bíblica. A verdade de Deus é mais profunda que um credo. A doutrina é a moldura da verdade, mas, sem a vida, ela se torna um esqueleto inflexível.

Mas a influência que nos levou a nos afastar do projeto divino é tão sutil que se tornou imperceptível para os envolvidos, e como o povo nos dias de Malaquias, eles se perguntam em ferida inocência: "Em que nos afastamos do projeto? Dê-nos exemplos específicos".

Citarei cinco áreas em desarmonia com a Palavra de Deus nas teorias e práticas educacionais de nossas instituições. Elas constituem apenas alguns exemplos de desobediência; há outros, como, por exemplo, a estrutura e o código social, a agricultura como o ABC do esforço educacional, trabalho educativo em empreendimentos industriais, ostentação em vez de simplicidade, o tipo de entretenimento, a preocupação com as coisas da carne e do mundo. Mesmo que todas as nossas divergências em relação ao projeto original não sejam produto do envolvimento com o mundo, elas são, de todo modo, incentivadas pelo contato com os ideais e métodos recebidos nas escolas mundanas. Acaz não precisava ir a Damasco para provar sua deslealdade; mas, quando foi, trouxe de volta o altar pagão e o colocou na casa de Deus. Passo agora a citar as cinco transgressões:

1. Incentivo, motivação. Em nossa primeira reunião aqui, discutiu-se, durante um período, sobre o desejo pessoal infeliz e até escandaloso de certos obreiros de serem reconhecidos como grandes homens, de cobiçarem posições e autoridade, de entrarem em rivalidade por causa de honra e domínio. A pergunta timidamente levantada foi se a prática escolar de conferir responsabilidades aos alunos e lhes conceder honras e recompensas era responsável por inculcar esse espírito. O problema é muito mais profundo do que isso. A juventude em formação precisa receber judiciosamente responsabilidades cada vez maiores; mas qual é o incentivo oferecido para quem trabalha, se organiza e se aperfeiçoa? Esse é o fator que determinará se essa educação social e administrativa será benéfica ou prejudicial.

O principal incentivo do mundo é a competição, a rivalidade. Eu poderia escrever um tratado sobre a natureza e as ramificações desse impulso egoísta — o que fiz no livro de minha autoria *Who Is the Greatest?* [Quem é o Maior?]. Ele merece ser estudado. Tanto a Bíblia quanto o Espírito de Profecia condenam a rivalidade (e a competição, de onde ela se origina) como fonte de motivação para o cristão (Marcos 10:42-45; *Educação*, p. 225, 226).

O incentivo cristão é o amor altruísta, o amor de Cristo, a cooperação, o ministério. Reconhecemos isso, mas mesclamos com isso o incentivo da competição e, com frequência, permitimos que ele se torne dominante. Honramos o templo e oferecemos sacrifícios ali, por ser um lugar bonito, que nos dá prestígio; mas também mantemos os lugares altos e nos prostramos diante das imagens de Baal e Astarote. Como? Por meio dos incentivos de classes, com notas, classificações, prêmios e honras especiais; mediante nossa vida social, nossas recreações e, em última instância, por intermédio da vida profissional de nossos alunos ao saírem das escolas e ingressarem na obra de Deus. Organizamos competições e damos recompensas e prêmios para os vencedores. Essa é uma prática tão comum e consolidada pelo tempo que ficamos pasmos quando ela é desafiada. No final dos reinos de Israel e Judá, com exceção das reformas intermitentes de Josias, os altos permaneceram e eram considerados, até certo ponto, parte da adoração a Jeová. Estamos repetindo a história. Mas o incentivo e o local de adoração do cristão não se encontram na competição, nem na rivalidade, mas sim no puro impulso do amor, o amor de Deus.

A adesão ao incentivo cristão do amor, se estudada em todos os seus aspectos e aplicações, revolucionaria nosso sistema e nossa vida, produzindo homens e mulheres que conhecem o Espírito de Cristo, o qual se enterrou na cova da necessidade do mundo a fim de produzir mais frutos. A menos que as políticas e práticas de nossas escolas sejam revertidas, continuaremos a formar jovens obreiros centrados em si mesmos, egotistas e arrogantes. É claro que haverá exceções, na medida em que o amor de Deus operar secretamente na vida de algum ou alguma jovem, aqui e ali. Mas qual é a responsabilidade da escola? O espírito de rivalidade pode começar no lar e certamente existe dentro da comunidade que ajuda a moldar o caráter inicial; pode se encontrar, e muitas vezes se encontra, dentro da igreja. Nossas escolas, porém, em vez de corrigi-lo, o promovem. O colégio é a última oportunidade de reforma, e este não está desempenhando sua função.

2. Literatura. A despeito das instruções claras e explícitas nos Testemunhos (*Educação*, p. 226, 227), de um grande volume de instruções sobre os males de submeter nossos alunos à influência de autores pagãos, nossos cursos de literatura continuam a apresentar tais escritores e impor seu estudo. Alguns professores de inglês parecem incapazes de diferenciar entre o bom e o mal dentro da literatura, salvo quando se chega aos extremos. De Homero a Shakespeare, passando por pigmeus modernos como Walt Whitman, os professores induzem seus estudantes a uma enorme quantidade pagã e neopagã de crimes, sangue, obscenidade e blasfêmia. É verdade que há casos de beleza e honradez em todos esses autores; o Diabo reveste seus filhos de púrpura e ouro. Mas as águas da pureza são contaminadas por poças de lama. Nosso estudo da literatura deveria ser seletivo, conforme demonstrou o professor Bell, e não abrangente, como ditam todos os conceitos mundanos de estudo da literatura. Nosso objetivo na educação não deve ser chegar ao nível das escolas do mundo e copiá-las, mas sim atender as necessidades da igreja em sua obra específica. O alvo da educação cristã é o desenvolvimento do caráter; o que a igreja e o mundo necessitam é de "rapazes e moças... aptos a assumir sua devida posição de liderança na família. Tal educação, porém, não se adquire pelo estudo dos clássicos pagãos" (*A Ciência do Bom Viver*, p. 444).

As regulamentações das entidades reconhecedoras de cursos podem ser dadas como desculpa para continuar a transgressão da vontade divina. Que desculpa deplorável aos olhos de Deus e levando em conta o caráter de nossos jovens que está sendo formado. Mas descobri que, no ensino de literatura, tais leis não são tão inflexíveis. A menos que os professores tenham adquirido gosto pelas panelas de carne do Egito, não são obrigados por leis rígidas a se alimentar delas. O ensino de tais sujeiras e males clássicos, perversamente, contraria o próprio objetivo a que o ensino se propõe, rebaixando o gosto dos alunos e levando-os a apreciar os mais medíocres tipos de ficção, notícias esportivas e quadrinhos. Dessa maneira, até o aprendizado de literatura bíblica como matéria escolar se torna desagradável e, junto com ensinos não inspirados, aumenta a aversão dos alunos pelas Escrituras. O que estamos fazendo com nossos futuros pastores e professores?

3. Recreação. A instrução do Espírito de Profecia sobre recreação é construtiva, e não meramente negativa (*Educação*, p. 207-222). Mas é explícita o suficiente ao condenar os esportes competitivos de maneira definitiva nesse campo; e todos os argumentos falaciosos de "mudança de ares" são tão carentes de convicção que, no fim das contas, não passam de simples oposição ousada e aberta à instrução, vista como irrealista e opressora (*Conselhos aos Pais, Professores e Estudantes*, 350ss.). Houve uma época, quarenta a cinquenta anos atrás, em que os esportes competitivos foram banidos de quase todos os nossos colégios, se não de todos. Mas voltaram com toda força, e a adesão a eles aumenta. Os professores parecem incapazes de enfrentar, de maneira construtiva ou até mesmo defensiva, a impetuosa demanda dos estudantes por esportes. E o motivo, mais uma vez, é que falhamos em estudar, seguir e desenvolver as instruções dos Testemunhos do Espírito de Deus.

Há tão grande inspiração e uma recreação tão saudável, combinada com ciência e crescente apreço, no estudo da natureza e de suas atividades, desde trilhas até a prática da jardinagem! Há riqueza de sabedoria, sabedoria da Palavra de Deus, a ser obtida nessas atividades que superam em muito as recompensas triviais e baixas dos esportes. Em contrapartida, não há maior aliado do incentivo maléfico à rivalidade do que os esportes competitivos. E essa fortaleza do diabo é uma das mais difíceis de dominar. Não acredito que se deva retirar subitamente os esportes da vida escolar, sem substituí-los pela verdadeira recreação. E isso não pode ser feito de maneira repentina e arbitrária. A substituição deve ser um crescimento, não uma destituição. Deve ser criada uma experiência tão deleitosa e entusiasmante pelas coisas da criação divina que naturalmente deslocaria o desejo por rivalidade dos jogos atléticos. Essa é uma tremenda tarefa e oportunidade para nossos professores e nossas escolas. A menos que seja realizada, continuaremos a ficar dependurados à beira do precipício da deslealdade e da perda.

4. Estudo da natureza e ocupação. Existem muitos estudos despejados sobre nossos estudantes que são relativamente sem importância, enchendo tanto o programa a ponto de impossibilitar a inclusão de campos de estudo negligenciados, porém mais importantes. Cito como exemplo o estudo da natureza. Deus tem três livros: a Bíblia, a natureza e a história. A criação foi Seu primeiro livro com o objetivo de nos transmitir Seus pensamentos. Posteriormente, por causa do pecado, deu-nos a Bíblia, que ilumina e interpreta tanto a natureza quanto a história. O estudo da natureza — não só para conhecer seus mecanismos, mas para explorar os pensamentos de Deus — é parte vital da educação cristã, algo que os Testemunhos revelam e enfatizam. Mas quem dentre nós é capaz de ler e ensinar a Palavra de Deus com base na natureza? A primeira instrução das três mensagens angélicas — a essência de nossa mensagem — é ignorada, pois não podemos conhecer o Deus Criador a menos que conheçamos Sua criação.

De modo geral, as ciências naturais são ensinadas como matérias áridas e engessadas — nomes, ordens, leis e classificações. Para muitos dos estudantes que as aprendem a fim de conseguir o diploma, são um tédio sem fim. Isso não é abrir as obras de Deus diante dos alunos. Nem a ciência de ler a Palavra de Deus pode ser obtida nas escolas do mundo. Ela só é aprendida pela combinação do estudo da natureza, da Bíblia e dos Testemunhos. Isso não significa ignorar as descobertas científicas e o vasto conhecimento que admitidamente são encontrados nas escolas seculares e em seus professores, bem como nos cientistas e eruditos de fora do ambiente acadêmico. Mas tal conhecimento pode ser alcançado sem que nos matriculemos nessas instituições, e deve ser filtrado usando como base as verdades que nos foram reveladas pelo próprio Deus. Se há pessoas que devem ser confiadas às garras das universidades, precisam ser selecionadas com cuidado, não levando um grupo indiscriminado de jovens desejosos de obter diplomas de nível superior; e devemos nos dar conta de que, mesmo fazendo tais seleções e recomendações, corremos o risco de sacrificar alguma porção de nossa preciosa herança.

Mas não estamos incluindo o estudo da criação divina de maneira adequada ou perspicaz em nossos colégios (com a exceção de alguns casos em que homens instruídos e consagrados têm feito trajetórias brilhantes como verdadeiros mestres). Recentemente, um estudante de teologia, inteligente e entusiasta, me perguntou: — Como você encontra a Palavra de Deus na natureza? Eu vou para o ar livre e me sento no meio das coisas;

vejo, mas não recebo nenhuma mensagem celestial. Como se aprende a ler os pensamentos de Deus na natureza? Eu disse: — Uma boa maneira de começar é seguir o conselho encontrado na página 120 do livro *Educação*, que nos orienta a comparar a Bíblia com a natureza. — Ora, eu não sabia que havia alguma coisa no livro *Educação* sobre a natureza — respondeu ele. — Você já leu o livro? — Sim, três vezes, quando cursei uma matéria. Mas não me lembro de nada sobre a natureza nele!!!

Localizamos nosso colégio em meio à bela obra de Deus, mas os olhos e ouvidos de nossos alunos são mantidos de maneira tão opressora em suas tarefas acadêmicas e atividades extracurriculares, e há tanta escassez da influência revigorante das coisas de Deus reveladas na natureza que menos de um em cada dez estudantes conhecem a natureza ou se interessam por seu estudo. Todavia, "Nas pétalas do lírio, escreveu Ele uma mensagem para vós — escreveu-a em uma linguagem que vosso coração só pode ler à medida que desaprender as lições de desconfiança e egoísmo, de corrosivo cuidado" (*O Maior Discurso de Cristo*, p. 96).

5. Educação dos pais. Começamos nosso empreendimento educacional no topo, com uma escola de nível superior. Já estávamos quase um quarto de século atrasados no estabelecimento da educação fundamental. Nunca nos esforçamos em lançar os alicerces, a educação pré-escolar da criança. No entanto, tudo isso está explicado para nós nos Testemunhos, e somos instruídos de que os primeiros anos são os mais determinantes na educação do indivíduo (*Conselhos aos Pais, Professores e Estudantes*, p. 107). Os primeiros conselhos sobre educação foram dedicados à vida doméstica e ao ensino que os pais devem proporcionar aos filhos. Em *Testemunhos para a Igreja*, volume 3, a partir da página 131, são apresentadas instruções muito específicas e foi dada a orientação (bem anterior às descobertas científicas) de que, até os oito ou dez anos de idade, a única escola da criança deveria ser o lar e seus únicos professores, os pais (*Conselhos aos Pais, Professores e Estudantes*, p. 79, 80, 107). Mas isso pressupõe a competência dos pais como professores (ibid., p. 108). De maneira tola, insincera e perversa, essa declaração tem sido usada por muitos educadores e administradores como desculpa para isentá-los de qualquer participação nesse programa educacional : "Deixem que os pais o façam".

Mas os pais não têm recebido nenhum treinamento das escolas da igreja para que cumpram seu esperado papel de professores. O conhecimento e a habilidade que têm foi herdado de seus próprios pais ou adquirido por meio da leitura casual ou instrução aleatória. Raramente esse importantíssimo ramo de estudos é organizado, integrado, completo. O sistema educacional da igreja não tem lugar para isso. Contudo, a igreja é orientada a dar essa educação aos pais (*Educação*, p. 275, 276). Instruções deveriam ser dadas a todos os alunos universitários, e provavelmente do Ensino Médio, sobre os deveres, os privilégios e as responsabilidades da vida doméstica e da paternidade (*A Ciência do Bom Viver*, p. 444).

O estado lamentável dos lares adventistas do sétimo dia — sem dúvida, não inferiores do que a média dos lares do mundo, porém não superiores de modo geral e, em incontáveis casos, muito doentios — se deve à grande negligência do programa educacional da igreja. Além de nossos alunos deverem ser preparados para o casamento e a criação dos filhos, professores especialmente treinados para ensinar os pais e instituir pré-escolas modelos deveriam ser capacitados para ir às nossas igrejas, tanto as antigas quanto as novas, bem como a comunidades não adventistas, a fim de ministrar um curso cristão completo a pais e filhos. Essas instruções deveriam ser dadas em especial aos futuros ministros e suas esposas.

Entretanto, nossos colegiados dão de ombros e preferem ignorar essa necessidade básica. Preocupados com o fator econômico, sua mente vacila diante do custo previsto e provável. Há dinheiro para lindos prédios dedicados à ciência, para ornamentados templos de adoração, para tudo, menos para a obra fundamental de educação, o treinamento dos pais para a educação pré-escolar de seus filhos.

Dezessete anos depois de a irmã White ter influenciado o estabelecimento da educação fundamental denominacional, ela me disse acerca da capacitação dos pais: "Esta é a obra mais importante diante de nós como povo e mal começamos a tocá-la com a ponta dos dedos". Quarenta anos se passaram e ainda não começamos a tocá-la com a ponta dos dedos. De que maneira elevaremos o nível de espiritualidade e poder na igreja enquanto negligenciamos os próprios fundamentos de nossa obra educacional? "Ora, destruídos os fundamentos, que poderá fazer o justo?" [Salmos 11:3].

Até mesmo este mundo está rapidamente avançando à nossa frente, que temos luz e instrução há setenta e cinco anos. Estamos na cauda do progresso educacional, quando deveríamos ser a cabeça. As escolas do mundo, desde instituições de Ensino Médio até as universidades, estão formulando políticas e criando meios para a educação para a vida e o treinamento domésticos. Não podemos depender de universidades e faculdades de pedagogia para dar essa capacitação aos nossos professores. Embora possamos encontrar muita coisa de valor em suas descobertas e experiências, não podemos permitir que nossos professores de pré-escolas se sujeitem às aulas deles, pois há erros demais entremeados à verdade. Tudo aquilo que aprendemos com eles, por leituras e consultas, deve ser filtrado com base nas instruções sagradas que Deus nos concedeu. Quando nossos líderes despertarão para essa necessidade vital e premente e agirão? (*Testemunhos para a Igreja*, volume 6, p. 196).

Nunca, mesmo com todos os alarmes, apelos ao arrependimento e à oração, e esforços de reavivamento, nunca realizaremos a reforma, a menos que cheguemos às raízes do problema, enfrentemos os fatos claros como cristãos, nos arrependamos de nossa insensatez, indiferença e negligência e nos voltemos de todo o coração para Deus, que espera que terminemos Sua obra nesta geração (Josué 7:10-13).

Que o Senhor nos dirija e controle de tal modo que nossos colégios se tornem mais como as escolas dos profetas do que como a Pontifícia Universidade Urbaniana de Roma. É nessa obra que se encontra nossa única esperança de sermos instrumentos nas mãos de Deus a fim de terminar Sua obra, em vez de sermos rejeitados como aconteceu com Seu povo escolhido, os judeus.

Atenciosamente,
A. W. Spalding

ADVENTIST PIONEER LIBRARY

Para maiores informações, visite:

www.APLib.org

www.EditoraDosPioneiros.com.br

ou escreva para:

contact@aplib.org

contato@editoradospioneiros.com.br

Made in the USA
Monee, IL
10 September 2026

62770618R00105